Alas de Sanidad

Esly Regina Carvalho, Ph.D.

Plaza del Encuentro

Alas de Sanidad

Esly Regina Carvalho, Ph.D.

Plaza del Encuentro

Alas de sanidad

No se autoriza la reproducción de este libro ni partes del mismo en forma alguna, ni tampoco que sea archivado en un sistema o transmitido de manera alguna ni por ningún medio –electrónico, mecánico, fotocopia, grabación u otro– sin permiso previo escrito de la casa editora, con excepción de lo provisto por las leyes de derecho de autor de los Estados Unidos de América.

A menos que se indique lo contrario, todos los textos bíblicos han sido tomados de: Santa Biblia; versión Reina-Valera; revisión de 1960; © 1960 Sociedades Bíblicas en América Latina. Todos los derechos reservados.

Diseño de portada:
Ed Hernández
Diseño interior:
Grupo Nivel Uno Inc.

Copyright © 2017 por Esly Regina Carvalho, Ph.D.
Todos los derechos reservados.

Plaza del Encuentro

Plaza del Encuentro
SEPS 705/905 Ed. Santa Cruz sala 441
70.390-755 Brasilia, DF Brasil
+ 55 (61) 3443 8447

www.plazadelencuentro.com
info@plazadelencuentro.com

ISBN 13: 978-1-941727-50-8
ISBN 10: 1-941727-50-6

"…porque se levantará como sol de justicia con alas de sanidad."
Malaquías 4:2

Contenido

Agradecimientos vii

Introducción... ix

Capítulo 1 - El proceso de sanidade: Un modelo teórico-práctico 1

Capítulo 2 - ¿Quieres ser sano?: Aprenda a remover las astillas del corazón.. 19

Capítulo 3 - Dichos populares la sanidad 29

Capítulo 4 - Sanidad sexual 39

Capítulo 5 - Restauración sexual 49

Capítulo 6 - Depresión y sanidad 61

Apéndices... 67

    Más Información Sobre EMDR 67

    Elementos de Un Plan de Sanidad y Restauración 72

    Elementos Básicos Para El Proceso de Restauración......... 75

    Ayuda Práctica para las Necesidades 81

Notas... 82

Sobre la Autora.. 84

Mas Libros de la Plaza del Encuentro 85

Agradecimientos

Al escribir este libro quiero agradecer a todas las personas — las cuales se mantendrán anónimas por cuestiones de confidencialidad— que me han enseñado tanto. Lo que soy capaz de compartir con otros es lo que he aprendido de las personas que tuvieron la confianza de abrir sus corazones y sus vidas para que pudiéramos caminar juntas en el peregrinaje de la sanidad.

Y un agradecimiento y reconocimiento muy especial al Espíritu Santo que nos dirige en toda verdad. Estoy profundamente agradecida de que Dios me haya llamado y me haya dado el ministerio de la reconciliación y la sanidad (Isaías 61).
¡A Dios toda gloria!

Introducción

Una de las cosas que el Señor me ha dicho en estos -últimos tiempos es que "sin sanidad no hay santidad". Dios está buscando una Iglesia santa. Desea una Novia limpia, pura, sin arruga ni mancha; pero cuando miramos a nuestro alrededor, vemos muchas cosas en nuestras iglesias que desagradan a Dios.

Nuestras bancas están llenas de personas que sufren. Muchas lo hacen en silencio porque tiene miedo de hablar de sus heridas y ser rechazadas. Otras piensan que las acusarán de un "pecado oculto" para explicar las dificultades que atraviesan. Otras han recibido la instrucción de orar más, leer más la Biblia y confiar más en Dios, y como esto no les resolvió el problema, piensan que así es la vida del cristiano: tiene que "aguantar su cruz". Algunas quieren ser santas "a la fuerza", desde afuera, imponiéndose la santidad, y de ahí viene el daño del legalismo. Otros piensan que la santidad no es tan importante, que Dios los entiende, sabe que son pecadores ("Dios conoce mi corazón") y les perdona todo, usando esto como excusa para sus pecados. Ningún extremo es -recomendable.

La verdad es que una de las razones principales por las cuales las personas no llevan vidas más santas es porque no han recibido sanidad emocional para las heridas de su corazón. Parece que la iglesia acepta la sanidad espiritual —la salvación por la gracia de nuestro Señor Jesucristo. También acepta la sanidad física —a través del médico o a través de la sanidad divina. Pero poco se oye hablar de la sanidad del alma, del corazón, la sanidad emocional en el contexto de la santidad.

La falta de sanidad del corazón es una de las mayores trabas al crecimiento espiritual y la santidad del cristiano. Cuando Pablo dice que no hacía lo que quería hacer, y lo que no quería hacer, acababa haciéndolo (Ro 7:15-20), describe perfectamente lo que veo todos los días en mi consultorio.

La información no es suficiente. Si lo fuera, los sermones ya habrían sanado a todo nuestro pueblo, porque hay excelente información compartida en muchísimas prédicas. Pero la información cambia muy poco la conducta. No afecta la parte de nuestro cerebro responsable del cambio de conducta. Y toca poco nuestro corazón. Por esto sabemos de excelentes prédicas, pero también de cristianos que siguen luchando con sus rollos emocionales. La sanidad no viene apenas por la información intelectual. Tiene que tocar nuestros corazones también. Entra por otro canal.

Por esa razón es que este libro no contiene apenas información. Al final de cada capítulo va a encontrar ejercicios que pueden ayudarle con su proceso de sanidad emocional. Leer el ejercicio no le va sanar, pero si usted saca el tiempo para desarrollar el ejercicio, es probable que cosas significativas puedan ocurrir en cuanto a su sanidad emocional. Si hace los ejercicios en pequeños grupos, mejor todavía. Santiago 5:12 nos dice que debemos compartir nuestras fallas, orar unos por los otros, para que seamos sanados. Esa es una de las recetas más preciosas que tenemos para la sanidad del corazón.

No creo que sea casualidad que la única diferencia entre la palabra SANIDAD y SANTIDAD es la "T" que representa la cruz del Mesías. En un último análisis, es el amor el que nos sana, el amor de Dios derramado en nuestros corazones y el amor de nuestro prójimo. Por esa razón la iglesia es un lugar tan especial y precioso: porque debe ser el sitio donde el amor de Dios puede ser mediado a través de nuestros hermanos y hermanas. La iglesia tiene la función de ser una comunidad terapéutica, una comunidad sanadora. Dios nos llama a esto. En la medida que seamos capaces de ofrecer y ministrar más sanidad, más santidad veremos como resultado. Una persona que carga una astilla en su corazón no es capaz de ser santa en esa área de su vida. El dolor de la herida lo impide. Sin embargo, si la ayudamos a sacar su astilla y derramamos el amor de Dios en este sitio a través de nuestra aceptación incondicional, poco a poco vamos ver personas cuya conducta es cada vez más santa (esto es, más parecidas a Jesús). Si podemos ayudar a las personas a que sanen sus corazones, veremos una Iglesia cada vez más parecida en madurez al Señor Jesús. Esa es nuestra meta: la santidad de nuestra Iglesia.

Capítulo 1 - El proceso de sanidade: Un modelo teórico-práctico

Para poder entender cómo podemos alcanzar la sanidad, primero tenemos que entender cómo esta funciona. Por esa razón se presenta a continuación un sencillo modelo que nos puede servir para muchas de las dificultades que enfrentamos. La verdad última es que necesitamos de sanidad porque somos pecadores, vivimos en un mundo roto por el pecado, y convivimos con personas también afectadas por el pecado. Tengo un amigo que comenta que todos formamos parte del Club de Pecadores Anónimos y pasamos la vida en recuperación del pecado (Rogers: 1994). La consecuencia es que muchas veces hay personas que han tocado nuestra vida a través de conductas pecaminosas más que a través de relaciones de amor y sanidad uizás porque ellas también fueron golpeadas por el pecado en vez de la santidad.

No es una coincidencia que la Biblia nos diga que visita los pecados de los padres en sus hijos hasta la tercera, y cuarta generación. Alguien que haya trabajado en consejería descubre pronto que las personas repiten los modelos de familia con los cuales fueron criadas. Si fueron modelos buenos y sanos, esto es lo que aprenderán. Si se criaron en familias donde los patrones fueron el resultado del pecado, entonces esto es lo que absorberán: alcoholismo, violencia, promiscuidad, infidelidad, adulterio, ira, ansiedad, miedo, depresión, legalismo, y la lista continúa. Todos repetimos lo que hemos aprendido de hecho y de palabra (especialmente a través de los ejemplos).

La buena noticia es que podemos romper estos patrones. No estamos obligados a vivir y repetir fatalmente lo que aprendimos, pero hay que invertir ganas y esfuerzo para alcanzarlo. El pensar simplemente que no lo vamos a repetir no evita la repetición ya que nuestra conducta es mucho más que el fruto de nuestros pensamientos. Tenemos que buscar la sanidad para poder alcanzarla.

Las tres etapas de la sanidad

Podemos decir que todo proceso de sanidad tiene tres etapas:

Diagnóstico: Identificar cuál es el problema.
Terapéutica: Reparar los vínculos y sanar recuerdos.
Aprendizaje: Aprender y ensayar nuevas conductas.
Vamos a analizar cada una de las tres etapas para entenderlas mejor.

1. *Diagnóstico*

La etapa de diagnóstico es la parte donde intentamos identificar cuál es el problema. Es lo que hace el médico cuando le llevamos a nuestro hijo enfermo. Hace un montón de preguntas: cuando empezó la enfermedad, cuáles han sido los síntomas, como se manifiestan, etc. Nosotros también necesitamos de un "diagnóstico". No tiene que ser un nombre complicado como usan los médicos, pero debe poder -explicar lo que está pasando. Los psicólogos también tienen nombres apropiados para describir las enfermedades y problemas emocionales y mentales, los cuales pueden ser muy útiles para explicar, entender y sanar las dificultades de las personas. Pero cuando trabajamos en consejería, lo que estamos buscando es un diagnóstico que nos ayude a entender cuál es el problema.

Un aspecto importante del "diagnóstico" es reconocer que hay un problema. Muchas veces las personas no reciben la ayuda que necesitan porque no están dispuestas a admitir que tienen una dificultad. Esto se debe a varias razones: no quieren presentarse como "débiles", o no quieren enfrentar las consecuencias de lo que significaría reconocer que hay un problema; otros prefieren creer que no sucede nada para no tener que aprender nuevas conductas o cambiar su estilo de vida.

Finalmente, hay muchos que tienen lo que se llama "ganancias secundarias" —lo que podríamos llamar los "beneficios de la enfermedad"— y por esto no se disponen a dejar su presente estilo de vida. No obtienen la sanidad, pero ganan otras cosas con la enfermedad: atención, quién les cuide, otra persona que les resuelva sus problemas, etc. Más adelante, veremos con más detalle las excusas que tienen las personas para no sanar.

Además del diagnóstico general (por ejemplo: ansiedad, depresión, pérdidas, duelos, etc.) necesitamos también saber cuáles han sido las áreas afectadas. El diagnóstico nos da una identificación de cuál es el problema, pero necesitamos saber cuál es el área de la vida de la persona que ha sido afectada por sus heridas emocionales. Hay varias:
1. Relaciones familiares: padre, madre, hermanos (as), familia extendida
2. Experiencias en la escuela y colegio, con profesoras y compañeros
3. Pérdidas significativas: muertes, cambios significativos (de geografía y de personas, aun los cambios positivos)
4. Acontecimientos traumáticos (abuso sexual, violación, etc.)
5. Finalmente, es importante poder empezar a desarrollar un plan de trabajo hacia la sanidad. No siempre sabemos todo lo que se tendrá que hacer, pero podemos empezar a identificar cuáles serán las tareas emocionales necesarias para la recuperación de la persona, tales como: sanidad ante las pérdidas, tratamiento del acontecimiento traumático, reconciliación y perdón en las relaciones, etc.

2. Terapéutica
¿Cómo sanamos? Esto depende de la dificultad o el problema, pero hay varios principios que se aplican a la mayoría de las situaciones.

Identifique las áreas que necesitan sanidad
Como dijimos anteriormente, el primer paso es identificar las áreas que necesitan sanidad. En esto es en lo que otra persona nos puede ayudar mucho, ya sea un consejero cristiano, un psicólogo, un pastor u otro líder de la iglesia con preparación especial para la sanidad. A veces se nos hace difícil poder reconocer nuestras propias dificultades, por esto el compartir con otra persona puede ayudarnos a identificar y ubicar nuestro problema. El otro puede ser ese "espejo" que Dios usa para poder enseñarnos dónde estamos heridos o cuáles son los patrones de conducta que deben cambiar. "Fieles son las heridas del que ama" nos dice Proverbios 27:6, y cuando el amigo nos ama de verdad, sus palabras siempre nos harán bien, aun cuando sean dolorosas.

Advertencia: Esto no da permiso al otro de herir a la persona intencionalmente. Las "heridas fieles" son aquellas que verdaderamente son dichas en amor, con mucho tino y pensando en lo que es mejor para la otra persona. Es muy grande la tentación de esconderse atrás de un "¡pero se lo digo para su bien!" y herir a alguien. Cuando ocurre esto, en verdad la persona pierde la razón por la *forma* en que lo dice. El amor siempre sana. *El amor nunca hace daño* (1 Corintios 13). Solamente el amor sana. Si las palabras no son dichas en el verdadero amor del Señor, harán más daño y no traerán sanidad. Es mejor callarse.

Defina las tareas emocionales

Una vez identificada el área del problema debemos identificar cuál es la tarea emocional necesaria para la recuperación. Una tarea emocional significa, en términos sencillos, aquel proceso que uno tiene que hacer para recuperarse. Por ejemplo, cuando alguien ha perdido una persona querida debido a la muerte y no ha podido salir adelante (sigue triste y muy deprimida años después), decimos que su diagnóstico es el duelo mal resuelto, y la tarea emocional es ayudar a la persona a reelaborar su duelo de una forma eficaz y bien resuelta ue pueda vivenciarlo y dejarlo en el pasado, rescatando lo bueno de la relación compartida. Cuando hay una relación rota entre dos personas, o mucho rencor o resentimiento hacia alguien, decimos que la tarea emocional es llegar al perdón, liberando la amargura.

Sane las relaciones dañadas

El ser humano es relacional. El Evangelio es relacional. Jesús nos dijo que el Primer Gran Mandamiento es a amar a Dios por encima de todas las cosas. El Segundo Mandamiento es parecido a este: "Amarás al prójimo como a ti mismo". (vea Mr 12:29-31). Aquí vemos que el Evangelio es relacional. Dios está empeñado en que tengamos relaciones, con Él, con los demás y con nosotros mismos, relaciones sanas y sanadoras. Entonces sanar nuestras relaciones es fundamental.

J. L. Moreno, el fundador del psicodrama, dijo cierta vez que "el hombre sin vínculos no existe" (Bustos: 1979). Su argumento era que si el ser humano se enferma en las relaciones, entonces tiene que sanar en las relaciones. Esta era su forma de defender la psicoterapia de grupo y su eficacia. Él entendía muy bien que las personas necesitaban de relaciones sanas para ser personas sanas. Por esa razón creía tanto en el poder de la terapia de grupo, ya que el grupo podría servir como la "familia sustituta" y sanar muchas de las relaciones familiares que dañaron a las personas que lo buscaban.

Proverbios nos habla de la importancia de las relaciones cuando dice que las malas compañías corrompen el buen carácter. La Biblia reconoce la importancia de las relaciones y de convivir con relaciones sanas, porque las malas relaciones corrompen nuestra capacidad de relacionarnos con los demás de formas funcionales y sanadoras.

Este hecho es aun más verdadero para la Iglesia. En verdad, el Cuerpo de Cristo debería tener esa función sanadora. Si las relaciones nos hacen daño, ojalá pudiéramos encontrar en la iglesia un grupo de personas que nos puedan amar incondicionalmente y que nos puedan sanar a través de su amor. Cuando hay peleas y hostilidades dentro de la iglesia perdemos completamente la función sanadora que Dios quiso que tuviéramos. El enemigo canta victoria porque ha logrado que los mismos cristianos saquen las armas unos contra los otros; empiezan a herirse con sus dagas-palabras, sus acciones reprochables, su falta de amor. Sin sanidad, no hay santidad

1. Para sanar las relaciones dañadas, entonces, debemos primeramente *identificar cuáles son las relaciones que tenemos que reparar*. Muchos cristianos suelen esconder sus resentimientos detrás de la "fachada del perdón" diciendo: "¡Ah, ya perdoné a fulano con el perdón de Cristo!", pero el fruto de la relación no es provechoso. Cuando logramos perdonar a alguien hay una limpieza del corazón que solamente el Espíritu Santo produce, y la consecuencia es una relación sanada, de hecho, no de palabra. Para sanar, tenemos que admitir la enormidad de nuestra depravación. Somos pecadores y las cosas que les deseamos a algunas personas cuando nos enojamos o cuando nos hieren son vergonzosas. Pero no hay nada escondido para el Señor (Salmo 139). Él sabe lo que realmente pasa en nuestro ser y en las profundidades de nuestros sentimientos. Por lo tanto

es mejor admitir lo que realmente somos, lo que realmente sentimos y confesar nuestra incapacidad de cambiarlo sin la ayuda de Él.
2. El segundo paso para sanar las relaciones es *desahogar el veneno emocional*. Muchas personas piensan que como cristianos "no debemos" sentir tal y tal cosa, entonces lo niegan o tratan de aparentar que tales sentimientos no están ahí. Al admitir que sentimos determinadas cosas, podemos hacer la confesión —no solo de lo que sentimos— y el desahogo emocional finalmente nos podrá limpiar. Hay muchas formas de hacer este desahogo, pero es importante hacerlo. Cuando guardamos los sentimientos en nuestro ser ellos van poco a poco "inflamando" y creando una "infección emocional". Al final se transforman en un veneno emocional. Todos hemos oído a alguna persona que habla de otra con "veneno emocional". Es imposible no reconocerlo. Es una forma de hablar que envenena todo lo que se dice de la otra persona.

Hablar apenas para desahogarse no es suficiente. Hay personas que han expresado la misma queja sobre otra durante *siglos* y esto no ha resuelto la cuestión. No quieren curar el problema; quieren apenas seguir hablando mal del otro. Para sanar hay que desahogarse por última vez de una forma que no haga daño a los demás y que sí cure al individuo.

Ahora, desahogar los sentimientos no significa que vamos a la persona con quien no nos llevamos y le decimos todo lo que nos da la gana, simplemente para desahogarnos. Dios no quiere que nos sanemos de nuestro veneno a expensas de los sentimientos de los demás. Muchas veces perdemos la razón por *la forma* de decir las cosas y podemos caer en pecado al intentar arreglar la cosa.

Pero hay formas sanas de hacer esto. Se puede escribir una carta a la persona, pero no mandársela. Yo animo a mis pacientes a que le escriban una carta a la persona con quien están enfrentando las dificultades, pero que *jamás* la envíen. Esto les da la libertad de decir todo lo que está en su corazón (y su lengua) sin censura, sacando el veneno. Les animo para que después de haberla escrito, oren, entreguen a Dios todo lo que está ahí, y quemen la carta como ofrenda a Dios, como un símbolo de que ya no quieren que esas cosas estén entre ellos y la otra persona. En general, después de haberlo hecho, suelen poder comenzar el proceso de perdón y olvido.

Para algunas personas escribir es difícil, por lo que les digo que vayan al parque cuando esté vacío y hablen con uno de los árboles. Deje que el viento lleve las palabras y se produzca el desahogo. O hable con una silla vacía en su dormitorio, suponiendo que la persona está ahí. El desahogo no es para la otra persona. Es para uno. No hace falta que el otro escuche. Hace falta que uno diga, nada más.

Quizás después del desahogo surja la oportunidad o la necesidad de hablar con la otra persona. En general, ya puede hacerlo sin el rencor que había antes, y se puede tener una conversación que edifique la relación, no que la destruya. Esto no está garantizado, porque la conversación también depende de la otra persona. Pero si no vamos "armados" con nuestra amargura, la conversación suele fluir mejor.

3. *Perdonar a la persona que le hizo daño* es el tercer paso. Significa perdonar por lo que hizo y por lo que no hizo. A veces sentimos ira por lo que las personas no hicieron (como una forma de defendernos, por ejemplo). Hubiéramos querido más atención de nuestros padres o madres, que nos hubiesen acompañado más, o demostrado su amor de formas más comprensibles, y esto no ocurrió. Hay personas que se resienten por lo que no se les dio, y debemos tener esto en cuenta cuando hablamos de relaciones dañadas.

Es muy común que los cristianos digan: "Hay que perdonarlo, hermana"…l perdón no es siempre fácil. Además, es una decisión y, a la vez, es un proceso. Hay que llegar al momento en que seamos capaces de decir: "Ya no quiero cargar más con este peso de resentimiento. Quiero perdonarlo y lo hago desde ahora". Algunos piensan que por que no *sintieron* el perdón, no pasó nada. Pero Dios honra nuestras decisiones. Si el pensamiento o la imagen de aquello que hemos perdonamos regresa, debemos decir que ya está perdonado. Poco a poco, el perdón empieza a tomar raíz en nuestro corazón y a hacerse cada vez más presente. Es una decisión y un proceso.

El perdón no es barato. Le costó a Dios la vida de su único Hijo, Jesús.

Yo tengo una hija única. Cuando nació no me imaginaba que sería mi única hija, pero así es. Imagínense que el pastor de mi iglesia me viene a visitar un día y me dice: "Esly, acabo de venir de la cárcel, y allá hay un bandido, pero bien bandido, bien malo. El juez me dijo que si yo conseguía una persona para reemplazarle en la cárcel, él soltaría al bandido. Por lo tanto vine a pedirte que entregues a tu única hija en reemplazo de este bandido". ¿Qué se imaginan que yo diría? "¡Estás loco! No doy la vida de mi hija por nadie. Sería capaz de dar mi vida por ella, pero la de ella, por nadie". Menos mal que Dios no hizo como yo, porque Él sí dio la vida de su único Hijo por nosotros mientras aún éramos "bandidos". Jesús nos reemplazó en la "cárcel del infierno" que todos merecemos para que nosotros pudiéramos salir libres de la condena eterna del pecado.

No lidiemos con el perdón a la ligera. Es libre y gratuito a los que aceptan el sacrificio de Jesús, pero costó al Señor la vida de su único Hijo. El perdón es gratuito, pero no es barato. Tenemos que llegar al momento en que decidamos de qué manera queremos seguir vinculados a la otra persona: ¿a través del rencor o a través del perdón? El rencor pesa mucho. Cargar la amargura en el corazón es llevar un gran peso, mientras el perdón es ligero. A veces la otra persona ni siquiera se da cuenta de que estamos enojados con ella, sin embargo, vivimos una vida "pesada", con el resentimiento consumiéndonos por dentro.

Perdonar no significa hacer como si no hubiera pasado nada. Algo pasó, al menos desde mi perspectiva. Lo que dice el perdón es que yo decido que voy a vivir más allá del rencor. Vamos a vivir vinculados a esa persona a través del perdón, no de la amargura. Voy tratar a la otra persona como Jesús me trata cuando me perdona a mí. Creo que nada nos ayuda a perdonar a los demás más que pensar en lo mucho que Jesús nos ha perdonado. Haga una lista de sus pecados y pida perdón a Dios. Después, haga otra lista de los pecados de la persona con la cual tiene el problema. Vea lo mucho que Jesús le ha perdonado y perdone al otro. El Señor nos dice que nos va a juzgar con la misma medida que juzguemos a los demás. Yo, personalmente, estoy muy consciente de lo mucho que necesito de la misericordia de Dios en mi vida. Si Dios me tratara según su justicia y no según su misericordia, estaría frita, literalmente.

Perdonar tampoco significa que tengo que transformar a la persona perdonada en mi mejor amiga para probar el perdón. A veces, al perdonar a una persona, se rescata y recupera la relación dañada y esto es una solución ideal. Pero hay situaciones en que no se debe volver a acercarse a la persona perdonada, como por ejemplo a un abusador sexual. No hay ninguna garantía de que al perdonar a esa persona ella no volverá a hacerle daño, especialmente en esas situaciones. Está bien que se mantenga una distancia prudente en algunos casos. Otras veces la persona ya falleció y no hay como acercarse para reconciliarse. Animo a mis pacientes para que escriban de igual manera cartas a las personas fallecidas. En primer lugar, perdonar al otro me libera a mí, que es el ejercicio más importante.

También se debe pensar en aquellas personas a quienes debemos pedir perdón. Es fácil pensar en lo que los demás me hicieron, pero también el daño que yo hice a otras personas me perjudica e impide mi sanidad y por lo tanto mi santidad. Pida al Espíritu Santo que sondee su corazón para que vea si hay algún camino que no agrade al Señor. Dios suele ser extremadamente específico cuando le pedimos que nos ayude a confesar nuestros pecados. A Él no le hacen falta las generalidades. Él va directo al asunto, la situación y el pecado. Si Dios le muestra que una relación no está bien por pecado suyo, vaya y arregle la relación. No tendrá paz en su corazón hasta hacerlo. A Dios no le gusta habitar en "casas sucias", y es la confesión lo que nos limpia. Si la otra persona no le perdona, esto pasa a ser problema de ella. Pero un pedido sincero de perdón suele ser bien recibido.

La Biblia nos enseña que si nos humillamos, el Señor nos exaltará a su debido tiempo (ver 1 P 5:6). Pedir perdón es un excelente ejercicio de humillación. No lo haga a medias. Hay personas que quieren ser perdonadas sin realmente pedir perdón. Hacen el ejercicio, dicen las palabras, pero la actitud o el tono de voz no es de humildad. Quieren cosechar los beneficios del perdón sin haber realmente pasado por el proceso de humillarse. Esto no funciona. Cuando se va a pedir perdón hay que meter el orgullo en el bolsillo (de donde nunca debería haber salido), reconocer que hicimos algo por lo cual estamos arrepentidos, y pedir perdón sin excusas. Al hacerlo así, tendrá mucho más éxito en la reconciliación.

4. *Liberarse del pasado.* Mirar atrás a nuestras heridas es algo sumamente importante. Como dije antes, hay que identificar nuestras dificultades, nuestras heridas, para poder curarlas. Pero llega un momento en la vida, después de haber identificado, curado, sanado, perdonado, y todo lo que cuesta limpiar la infección emocional, en que tenemos que soltar el pasado y mirar hacia adelante. Jesús nos recuerda esto con el ejemplo de la mujer de Lo. Llega un momento en la vida en que debemos dejar de mirar atrás y mirar aquello que Dios tiene preparado para nosotros para el resto de nuestra vida. No debemos dejar de mirar el pasado prematuramente. Hay que tenerlo limpio, pero llega un momento en que hay que librarse de él y mirar al futuro que nos espera.

Sánese de las pérdidas significativas

Se podría escribir todo un libro sobre pérdidas, duelos y recuperación emocional, y muchos lo han hecho (Brenson: 1985). Sin embargo, no todas las personas entienden cuál es el proceso normal de duelo y recuperación cuando se ha perdido a alguien o algo muy significativo, por lo tanto, vale la pena compartir aquí algunos de estos aspectos.

1. En primer lugar, es importante *admitir que se ha producido una pérdida y la enormidad de lo que se perdió.* Hay iglesias que dicen que uno tiene que regocijarse con la muerte de un ser querido, pero el Apóstol Pablo nos dice que lo que no

debemos es entristecernos como los que no tienen esperanza. Hasta Jesús lloró con la muerte de Lázaro. Es cierto que tenemos el consuelo de que si una persona muere en el Señor está con Él, y volveremos a verla, pero este momento que vivimos aquí en la tierra es de pérdida y luto.

2. *Llorar la muerte o la pérdida de alguna relación importante es normal, natural y necesario.* Tenemos que admitir todo lo que hemos perdido, y llorar esa pérdida. Hay muchos pacientes cuyo "remedio" es llorar. Les digo que su tarea para la casa es llorar hasta agotar el llanto. No importa que lleve semanas o meses. Hay que llorar la ausencia hasta que no duela más como antes. El intentar "ser fuerte", no llorar y no demostrar su "debilidad" es lo peor que se puede hacer. Medicar el duelo —excepto en los pocos casos donde hay riesgo de vida— tampoco es sano, porque retarda el inicio del proceso del duelo. Impide que las personas sientan y sufran su pérdida.

Dios nos ha diseñado de tal forma que necesitamos estar de duelo por nuestras pérdidas, esto es, sufrir, sentir la ausencia de la persona. Quizás es la forma que Él tiene de hacer que nos sintamos insatisfechos con este mundo tan imperfecto. Dios nos ha prometido que un día viviremos en un lugar donde no habrá más llanto y que Él secará toda lágrima, pero en esta vida, sentir la pérdida, llorarla, sufrirla, es la única forma que tenemos de recuperarnos. Me pregunto cuántos siglos les llevó a Adán y Eva hasta que terminaron de llorar la pérdida del Edén, pero estoy segura de que lo hicieron porque este es el mecanismo que Dios puso en nuestros corazones para que pudiésemos recuperarnos emocionalmente de esas situaciones.

3. *Dar tiempo al tiempo.* Hay personas que tienen prisa por sanar, pero hay cosas que no se pueden apresurar. La recuperación es una de ellas. Esto lleva tiempo.

Me acuerdo de una viuda que me vino a ver después de cuatro meses de haber fallecido su esposo de cuarenta y cinco años de matrimonio. "Mis hijos dicen que ya es hora de que salga adelante, pero doctorcita, recién ahora creo que mi esposo no va volver. Hasta ahora era como si estuviera de viaje, como solía suceder. Pero de unos días para acá, yo sé que no regresará más, y la enormidad de su ausencia es terrible. Solo tengo ganas de llorar. En cambio, mis hijos ya no me quieren ver llorando, dicen que ya es tiempo de dejar todo esto atrás y salir adelante, pero todavía no puedo".

La señora tenía razón y le expliqué que debería compartir con sus hijos sobre el proceso de recuperación emocional, le dije que le iba a llevar mucho tiempo dejar de estar de duelo por un marido querido de tantos años y que sus hijos deberían dejar que ella lo hiciese tranquilamente. A veces las personas a nuestro alrededor no nos quieren ver sufrir, y por esto nos dice que nos apuremos. Otras veces, el ver a la madre sufrir la pérdida de su esposo le hace entrar en contacto con el sufrimiento ante la pérdida de su papá se resisten a hacer su propio duelo.

4. *Un día el duelo termina.* Quizás son tres pasos para adelante y uno para atrás, pero llega el día en que esto termina. Se puede hablar de la persona o las situaciones sin llorar, recordando lo bueno, y sin el dolor agudo de la pérdida. Cuando atravesé por un divorcio, tardé un año y medio hasta que el mundo volvió a recuperar sus colores. (Pueden leer la historia en *Cuando se rompe el vínculo.*) Sin embargo, fue necesario un año y medio para que este día llegara.

Una vez le preguntaron a un pastor por qué Dios hizo que el pueblo de Israel anduviera por el desierto durante cuarenta años, y él contestó: "Por que treinta y nueve años no eran suficientes para cumplir el propósito de Dios". Dé tiempo al tiempo, que un día esto terminará. El duelo es la única dificultad en la que el tiempo sí ayuda. En las demás heridas del corazón —las que dejan astillas— hay que sacar la astilla. No salen por sí solas.

Sánese de los acontecimientos traumáticos

Muchas personas sufren acontecimientos traumáticos de distintos tipos: accidentes automovilísticos, violaciones, violencia familiar, asisten a muertes violentas en las guerras o por desastres naturales, y muchas otras situaciones. Distintas personas experimentan sus eventos de diferentes formas también. Hay personas que logran superar algunas situaciones mientras que para otras esto es imposible.

Dios puso en nuestros cerebros un mecanismo que nos ayuda a procesar y archivar esas experiencias traumáticas, pero en algunas personas, o en algunas situaciones, el acontecimiento es tan difícil que no logran hacerlo. Viven con pesadillas o pensamientos intrusos sobre el trauma. Tienen somatizaciones: dolores de cabeza, del cuerpo, enfermedades de desencadenantes emocionales. Han "cambiado" desde el día de dicha experiencia, y así continúan de ahí en adelante.

Cuando vemos situaciones así, decimos que esas personas pueden estar sufriendo de estrés postraumático aunque el hecho haya ocurrido hace muchos años. No logran hablar de lo sucedido sin llorar o siguen con una depresión o ansiedad que no parece sanarse. Muchas veces, son casos que deben ser remitidos a especialistas.

Hace pocos años la Dra. Francine Shapiro desarrolló una nueva técnica para la sanidad de los recuerdos traumáticos llamada EMDR (Eye Movement Desensitization and Reprocessing) [Desensibilización y Reprocesamiento a través de los Movimientos Oculares] que permite que la persona traumatizada trabaje junto con su cerebro para procesar, a nivel neurológico y fisiológico, el recuerdo y sus consecuencias. Los resultados han sido bastante positivos y rápidos, y ya hay en América Latina muchos profesionales que están habilitados para ministrar este tipo de tratamiento. En el apéndice de este libro hay una mayor información sobre esa técnica. Lo cierto es que para este tipo de problema a veces es necesario una intervención profesional. No debemos tener miedo a los profesionales, pero debemos buscar uno cuya reputación profesional sea irreprochable y de preferencia cristiano o simpatizante con el Evangelio, aunque Dios usa hasta a aquellos profesionales no cristianos cuando entregamos a Su cuidado el desarrollo de nuestro proceso.

También hay personas muy habilitadas en determinadas formas de cura interior, en la sanidad emocional mediante la oración, o con un don de discernimiento que puede ayudar a identificar y pedir la ayuda del Señor para la sanidad del corazón. Deben ser personas cuyo testimonio sea limpio y constante en esa área, y cuyos frutos hablen por sí mismos.

La convalecencia

La recuperación lleva tiempo. Cuando nos rompemos una pierna, pasamos meses con un yeso hasta que el hueso sana. ¡Cuanto más cuando lo que se rompe es el corazón! Si nos quitamos el yeso prematuramente, la pierna nunca se sana, o peor, se cura de forma distorsionada y no la podemos volver a usar de la forma apropiada. No debemos tener prisa: permitamos que el corazón tenga su tiempo para sanar también.

Cuando era joven, mi mamá se enfermó gravemente. Pasó muchos meses en cama, por órdenes de los médicos. Al inicio, teníamos que darle de comer, porque no soportaba el peso de los cubiertos. Poco a poco, empezó a salir de la cama por poco tiempo. A veces llegaba, y ella había pasado diez minutos en la sala, y pedía que la ayudáramos a volver a la cama. Con el pasar de los días, podía permanecer más tiempo fuera de la cama.

Un día, cuando llegué del colegio, ¡ella estaba bordando! Mamá había aprendido a bordar de una forma espectacular cuando era niña, y decidió pasar el tiempo de su convalecencia realizando esta labor. Con cada día, pasaba más tiempo con los hilos y los puntos. Al transcurrir los meses, había hecho lindos cuadros que hasta hoy están colgados en la pared. Uno de ellos lo tengo en mi casa.

Así hace el Señor: transforma nuestras "enfermedades graves" en lindos "cuadros bordados". Apenas debemos darle (y darnos) el tiempo de nuestra convalecencia. De nuestros sufrimientos hace cosas bellas. Transforma nuestras cenizas en obras de arte.

3. *Aprendizaje*

La tercera etapa en nuestro estudio sobre la sanidad emocional tiene que ver con el aprendizaje. Como dijo una de mis alumnas de consejería cristiana, el proceso de aprendizaje tiene que ver con "imitar lo bueno", y esto es muy cierto. Todos hemos aprendido las conductas necesarias para sobrevivir en la vida. Algunas han sido "estrategias de supervivencia" que nos ayudaron a vencer familias sumamente disfuncionales. Quizás fueron conductas que nos ayudaron por un tiempo, pero que ahora nos están perjudicando y necesitamos cambiarlas. O quizás nos damos cuenta de que la forma en que aprendimos en nuestra familia no nos está resultando como quisiéramos y es tiempo de cambiar. Otros han sido sanados de sus heridas en el corazón y ahora están libres para aprender nuevas conductas. Lo cierto es que tenemos control sobre nuestras acciones y conductas y podemos elegir (o no) aprender nuevas formas de relación que estén más de acuerdo con la Palabra de Dios.

Es importante saber que nunca es tarde para aprender algo nuevo. No hay nadie tan maduro que no pueda aprender a mejorar su forma de vivir. Además, tenemos acceso al poder del Espíritu Santo que nos permite desarrollar una conducta que agrade más al Señor. También debemos tener claro que es mejor cambiar tarde que nunca. Para muchos hijos, los cambios de sus padres aun en su vida madura les han servido como elemento de sanidad y reconciliación. No se esconda detrás de las excusas para continuar en lo mismo.

Es cierto que aprender nuevas conductas asusta. Tengo un colega, Joe Dallas, que dice que "nunca se debe subestimar el poder de la forma conocida de vivir". La forma conocida de vivir puede no traer los resultados a mi vida que yo quisiera, pero es conocida. Romper hábitos de toda la vida no siempre es fácil, pero es muy necesario para la sanidad y la santidad. Nadie nace sabiendo. Todos hemos aprendido a vivir: algunos en familias más funcionales, y otros en familia menos funcionales, no importa. Lo cierto es que llega un momento en la vida en que hay que aprender nuevas maneras de relacionarnos con los demás, de enfrentar los problemas y de vivir mejor. Por lo tanto, hay que aprender a responder de otras formas. Esto es amedrentador a veces. Sienta el susto, pero de igual forma, hágalo. Aunque cometa errores al intentar, siga adelante. Con el tiempo y la práctica, se nos hace cada vez más fácil la nueva conducta. Quien no se arriesga no alcanza nunca la meta de una mejor vida.

Finalmente, si tiene dificultad en aprender nuevas conductas, puede pensar en participar en grupos de apoyo o de terapia. En mis grupos de psicodrama tenemos la oportunidad de ensayar nuevas conductas. Me acuerdo de cierto chico que estaba dejando la vida homosexual. Llegó al grupo una noche y dijo que quería invitar a una chica al cine, pero como nunca lo había hecho, no sabía por donde empezar. Entonces eligió una de las chicas del grupo para que representara a la chica que quería invitar, y ensayó distintas maneras de hacerlo hasta que él y ella se sintieron satisfechos con su forma de hacerlo. Tuvo la oportunidad de aprender una nueva conducta en un lugar protegido, con el apoyo de los demás.

No permita que el miedo le impida vivir una vida más santa y más agradable a Dios. Sienta el miedo, pero igual, empéñese en aprender nuevas conductas. Aunque a las personas a su alrededor les parezca raro inicialmente que tenga una reacción más sana, no importa. Siga adelante porque la cosecha es magnífica.

Pasos para la sanidad

En el próximo capítulo hablaremos de algunos de los obstáculos para la sanidad, esto es, disculpas que las personas tienen para no buscar la sanidad, pero por ahora, veamos los pasos necesarios para estar sanos emocionalmente.

1. *Admita que ha sido herido y que tiene una herida en su corazón.* Esa es la parte del diagnóstico de que hablábamos. Si no admitimos que tenemos un problema, una herida en el corazón, no pasa nada. No tendré una meta hacia la cual trabajar.
2. *Identifique cuál es la herida.* Vea cuál fue el acontecimiento que dejó una astilla en su corazón. Póngale un nombre, si quiere.
3. *Pida a Dios que haga todo lo necesario para que se efectúe su sanidad.* No haga esa oración a la ligera, pero hágala. Dios está comprometido con nuestra sanidad y nuestra santidad. Si le pedimos, Él proporcionará las experiencias y las personas necesarias para que la sanidad se efectúe en nuestras vidas. Quizás no llegue como lo imaginábamos, pero sí nos alcanzará.
4. *Comparta su herida con otro ser humano de absoluta confianza.* Las personas que asisten a Alcohólicos Anónimos han entendido muy bien la importancia de involucrar a otro ser humano en nuestro proceso de recuperación. A veces es necesario tener un "testigo" de lo que estamos tratando de curar. Saber que otro ser humano me puede oír y todavía me quiere es muy curativo.
4. Han acudido a mí personas que dicen: "Quiero resolver esto solamente yo y Dios. No lo quiero compartir con nadie". Y suelo dudar de la posibilidad de que se recupere, porque Dios nos ha creado con una necesidad por los demás. Aunque Dios es poderoso para sanarnos solitos, Él suele usar las relaciones con las demás personas para hacerlo. Ore a Dios para que le mande una persona digna de su confianza con quien compartir.
5. *Perdone a los involucrados.* Creo que hemos hablado bastante sobre este tema en las páginas anteriores. Perdonar es

esencial para sanar las relaciones. De tiempo en tiempo, revise su vida y vea si hay alguien que se haya queda atrapado en la falta de perdón.
6. *Dedique tiempo a la convalecencia.* Es necesario darse un tiempo. Convalecer lleva tiempo. No hay forma de apresurar el proceso. Hay cosas que solamente el tiempo puede curar. Tenga paciencia consigo mismo y permita que Dios haga algo lindo de su sufrimiento.
7. *Decida aprender una nueva forma de relacionarse con el pasado, con el presente y con el futuro.* Eso es parte del proceso de aprendizaje. Libérese del pasado. Abrace el presente. No tenga miedo de decidir aprender algo nuevo y de buscar, ensayar y ejercitar nuevas formas de responder a las personas y las situaciones. No se asuste si todo no sale bien la primera vez. Siga intentando hasta que se le haga algo cómodo.
8. *Pase tiempo con Dios.* Durante muchos años en mi consultorio ha sido muy interesante acompañar a las personas que realmente pasan tiempo con Dios. Ellas tienen otro ritmo de recuperación. Es como si tuviera un "coterapeuta" fuera de la terapia. En realidad lo tienen: el Señor. Hay una notable diferencia entre los cristianos con una verdadera vida de oración y aquellos que no practican un tiempo diario a solas con Dios. Casi no he visto diferencia entre los cristianos sin el ejercicio diario de la oración y los no cristianos en cuanto a su proceso de recuperación. Se mueven mediante el proceso humano. Pero cuando hay oración seria ¡qué diferencia! La oración los mantiene "enchufados" al poder del Espíritu Santo, poderoso para hacer los cambios tan necesarios.
9. Por todas esas razones, quiero animarles a que busquen la sanidad para sus vidas, y que eso resulte en una mayor santidad para la Iglesia.

Ejercicios para el crecimiento integral:
1. Evalúe sus relaciones con las demás personas. Escriba cartas *que no se van mandar* a aquellas personas a quienes tiene algo a decir, pedir perdón, etc. Una vez terminada la carta, quémela como ofrenda agradable a Dios y como señal de que está perdonando a esa persona.

2. Haga una lista de las pérdidas que ha sufrido. Escriba una carta para despedirse de aquellas personas o situaciones que ha perdido. Quizás quiera compartir ese ejercicio con otra persona que también ha sufrido pérdidas. Cuando hayan terminado, oren los unos por los otros.
3. Forme un pequeño grupo de seis a ocho personas y haga los ejercicios en el *Cuaderno de Oración*, compartiendo semanalmente lo que han aprendido en las lecciones y a través de los dibujos y oraciones.
4. Haga un pequeño retiro de mujeres utilizando el manual *Mujer y Autoestima*, que explica cómo crecer en la sanidad integral. (El manual se puede comprar en la dirección al final de libro.)

Capítulo 2 - ¿Quieres ser sano?: Aprenda a remover las astillas del corazón

Me fascinan las preguntas.

Como psicóloga, me gano la vida haciendo preguntas. Cuando enseño a otras personas a desarrollar la psicoterapia o la consejería cristiana, una de las habilidades básicas que todas tienen que aprender es el arte de hacer preguntas. Una pregunta bien hecha ayuda a la persona a entenderse, a reflexionar sobre su vida de una forma constructiva, y nos da informaciones relevantes de lo que está ocurriendo.

Además, cuando trabajamos en el confesionario de la psicoterapia, podemos hacer preguntas que en contextos sociales son imposibles. Podemos hacer preguntas íntimas aunque siempre con todo el cuidado de preservar el respeto y la dignidad de la persona.

De modo que, cuando leí el texto de Juan 5:1-15, y encontré la pregunta de Jesús al paralítico (¿Quieres ser sano?), la misma captó mi atención. Una buena pregunta lleva a otras preguntas, y así fue que me vinieron tres preguntas más que tienen que ver con este texto.

Jesús empieza la conversación con el paralítico de Betesda preguntándole si quería ser sano. ¡Qué pregunta! Para mí, era más que obvio que el hombre quería ser sanado, pero seguramente Jesús vio otra cosa en la vida de este hombre o no lo hubiera preguntado. Nunca vi a Jesús desperdiciar palabras y creo que aquí tampoco lo hizo.

Al pensar sobre el proceso de la sanidad, tenemos que preguntarnos primero:

3. *¿Cuál es nuestra "enfermedad"?*

Todos hemos sido heridos. Todos sabemos lo que significa tener una herida espiritual, física o emocional. Lastimosamente, las heridas son consecuencias de la caída del hombre. Dios no tuvo la intención, al crearnos, de que viviéramos esas cosas. Pero la realidad del pecado ha roto la comunicación con Dios y ha introducido a este mundo el mal, el daño que se hacen los seres humanos unos a los otros, queriendo o no hacerlo. Todos llevamos heridas espirituales que solo la salvación en Jesús puede sanar.

Pero también llevamos heridas emocionales. Nadie procede de una familia perfecta. Todos sufrimos cosas que Dios nunca quiso que sufriéramos. Al ser heridos, podemos enfrentarlo de dos maneras: lidiando con las cosas de una forma sana, "abrazando al sufrimiento" como dice Pedro en su epístola (1 P 4:13 versión Moffat), sin guardar rencor o amargura; o evitando el sufrimiento, a través de la negación o el rechazo a vivir lo que nos toca enfrentar. Muchos no saben cómo manejar lo que la vida les depara. Quizás eran muy niños al recibir ciertos golpes y su estructura emocional no les permitió lidiar con hechos abusivos. Algunos nunca tuvieron el ejemplo de la sanidad y no saben cómo hacerlo. Otros tal vez se sienten tan ahogados con lo que les pasa que no tienen las fuerzas para reaccionar.

Cuando las heridas emocionales no sanan de forma -apropiada, son como las heridas físicas; la diferencia es que la herida emocional no se ve con la claridad que se ven las físicas. Los hechos que crean heridas emocionales en la vida de las personas son como *una astilla en el corazón*, si no se sacan, se infectan y producen "pus emocional": iras, miedos, inseguridad, depresión, amargura. Todos pueden ser síntomas de heridas mal curadas, vivencias mal resueltas. Son síntomas de "infecciones emocionales".

Hay muchas cosas que pueden producir astillas. Quizás las relaciones familiares le dejaron huellas. Hay muchas personas que dejan sus hogares prematuramente (huyen, salen a trabajar o se casan) porque no soportan lo que les está pasando en casa. Otros me han confesado que la escuela o el colegio era un "campo de concentración". Los colegas los señalaban o los maltrataban de distintas maneras. Algunas personas tuvieron experiencias traumáticas, sobre las cuales no tuvieron ningún control. Otros fueron expuestos a situaciones para las cuales no estaban preparados emocionalmente. Es demasiado común en nuestros países que haya alcoholismo u otras adicciones en la familia. Incluso algunas personas siempre se sintieron "diferentes", distintas, solas o incomprendidas.

La buena noticia es que hay sanidad para esas heridas, pero hay que sacarse la astilla primero. Muchos no lo quieren hacer porque es muy doloroso. Significa volver atrás, mirar de nuevo lo que le pasó, compartir el hecho con alguien, despejar el secreto de alguna forma. Muchas personas tienen tanto miedo de volver a enfrentar el pasado que prefieren vivir un presente mediocre que arriesgarse a sufrir aunque sea para sanarse.

Es importante entender que al sacar la astilla podemos permitir que Dios derrame el "alcohol del Espíritu Santo" que nos limpia y desinfecta. A veces, Dios tiene que dar unos puntillos porque la herida ha sido muy grande, pero lo cierto es que al hacerlo, sabemos que estamos en camino a la sanidad, aunque convaleciendo emocionalmente. Hay que dar tiempo al tiempo y permitir una convalecencia completa. Muchas veces nos queda una cicatriz, pero al contrario de lo que dice el mundo, *las cicatrices de la sanidad son cicatrices de victoria*, tales como lo son las cicatrices de Jesús. Nos hemos enfrentado y hemos vencido, por la gracia de Dios.

Creo firmemente que el proceso de la santificación cristiana tiene que pasar también por el proceso de la sanidad humana. En la medida que vamos siendo sanados, también somos más capaces de vivir la vida que Dios quiere que vivamos. Las heridas y sus huellas, una vez sanadas, pierden el poder de impedirnos tomar las decisiones sabias que necesitamos para vivir según la voluntad de Dios.

Por esto es importante preguntarnos: ¿Cuál es mi herida? ¿Qué me tiene "paralizada"? ¿Cuáles son aquellas cosas que me impiden vivir la vida abundante, llena de gracia, que Dios tiene para mí? ¿Cuáles son las astillas que necesito sacar de mi corazón?

2. *¿Cuál es nuestra disculpa?*

Cuando Jesús le pregunta al hombre del estanque de Betesda si quería ser sanado, el hombre le contestó con una disculpa: "Sí, pero   Él podría haberle dicho sí o no. Era suficiente. Pero le da una disculpa por la cual él no había sido sanado hasta entonces.

Si la sanidad nos trae tantos beneficios, ¿por qué las personas ofrecen tantas disculpas para no buscarla? Hay muchas razones y vamos mencionar apenas algunas.

1. *"Tengo miedo. Será muy doloroso comenzar a revolver el pasado. Lo que pasó, pasó."*

Hemos compartido que el proceso de recuperación emocional duele. Significa volver atrás y mirar, enfrentar lo que nos pasó. Para algunas personas significa recordar experiencias dolorosas, tales como un abuso sexual o una violación. Para otros, fue la falta de amor de su padre o madre. Algunos vieron escenas de violencia que no les tocaban ver. Incluso para otros, el dolor del abandono es muy fuerte. Cada persona tiene sus astillas que le causaron dolor y, para sanar, es necesario recordar. Para muchos, lidiar de nuevo con este dolor es más de lo que quieren enfrentar.

Otros temen lo que podrán encontrar al mirar atrás. En general, nuestra fantasía es peor que la realidad. Nuestra ansiedad nos hace pensar en lo peor. Imaginamos que si comenzamos a ver lo que hay, tendremos terribles sorpresas. La verdad es que la mayoría de las personas descubren que esto es una mentira. Al mirar atrás, ven que es doloroso lo que vivieron, pero que no mata. Maltrata a veces, pero no mata.

Hay una leyenda irlandesa que dice que cuanto más uno huye de un fantasma, más nos persigue; pero que si damos la media vuelta y caminamos hacia el fantasma, desaparece. Así son muchos de nuestros problemas. Cuanto más huimos, más grande nos parecen; pero si los enfrentamos, se achican y se hacen manejables.

En las pocas ocasiones en que las personas realmente no se acuerdan de las cosas, esto ocurre porque no están listas para recordar. Cuando alguien viene y dice que no recuerda determinada época de su vida, o ciertos hechos, les explico que esto es normal. A veces tuvimos algunas experiencias tan dolorosas que las "escondimos" en nuestro subconsciente. Si vivimos algo muy penoso cuando niños y no tuvimos las herramientas emocionales para poder enfrentar y procesar lo ocurrido, "lo olvidamos". Pero no está perdido. Está apenas guardado hasta que tengamos las fuerzas emocionales para enfrentarlo. Cuando empezamos a recordarlo, esto es algo digno de elogio. Significa que ya somos suficientemente fuertes como para poder —ahora— enfrentarlo, sacar la astilla y recuperarnos. Significa que el proceso de sanidad está en pleno funcionamiento.

La buena noticia que tenemos es que Dios nos acompaña en este proceso de sanidad. No tenemos que volver a nuestros recuerdos solos. Dios nos puede tomar de la mano y caminar en este Valle de los Recuerdos junto con nosotros. Hay que enfrentar el miedo, el dolor, pero no tenemos que hacerlo solos.

Además, Dios puede poner personas en nuestras vidas que nos pueden ayudar. Pueden ser hermanas o hermanos en Cristo, líderes cristianos habilitados en la consejería cristiana, o profesionales en el área de la salud. A veces es una amiga o un amigo que se dispone a caminar a nuestro lado mientras trabajamos esas cosas difíciles. Lo cierto es que no tenemos que enfrentar esas cosas solos (ni debemos).

Suelo decir a mis pacientes que van a sentir este dolor por última vez. Muchas personas tienen miedo de volver a sus recuerdos porque no entienden para qué van a hacerlo. Es cierto que simplemente recordar por recordar no resuelve, pero yo sé que si la persona puede recordar y sanar, le va doler por última vez. Sí, duele, pero va dejar de molestar. Al sacar la astilla, cuando la persona vuelve a pensar en aquello, ya no le duele como antes, y poco a poco puede dejar de doler para siempre. Esa es la meta de la sanidad: sacar la astilla y permitir que el corazón funcione normalmente.

Sanar es costoso. Es emocionalmente caro. Una vez un amigo me escribió preguntando por qué ciertas personas no se recuperaban. Le contesté que no todos las personas están dispuestas a pagar el precio de su sanidad. Me dio la razón. En cambio, los que sí pagan el precio, reciben los beneficios que les traen la santidad y el agradar a Dios.

2. *"¿Perdonar? ¡Pero yo fui la víctima!"*

Es cierto. A veces se nos hace muy difícil perdonar cuando alguien nos hizo daño, pero como vimos en el primer capítulo, el perdón me sana a mí. Hace que mi carga sea más ligera. No puedo pensar que podré sanar mi corazón mientras ahí se guarde el odio, el rencor y la amargura.

Además, es muy fácil echar la culpa a los demás, especialmente cuando nos hicieron algo feo. Pero la verdad es que puedo decidir lo que haré con aquello que me hicieron. Yo no tengo que ser víctima de mis circunstancias. No tengo que seguir conduciéndome de determinada manera simplemente porque los demás no cambian. La verdad es que si nada cambia, nada cambia. Si nadie cambia, nadie cambia. Sin embargo, puedo ser el agente de cambio en esa situación. Yo soy la única persona que puedo cambiar. No puedo cambiar a nadie más. Frecuentemente pregunto a mis pacientes ¿hasta cuando van esperar que tal y tal persona cambie? ¿Qué será de su vida si esa persona nunca cambia? Uno tiene que actuar con la suposición de que los demás no van a cambiar, pero con el consuelo divino de que *yo puedo cambiarme a mí mismo*. Y al cambiar, introduzco un cambio en la relación. Tal vez cambien algunas cosas, tal vez no. Pero si yo no cambio, *es cierto* que nada más cambiará.

3. "*¿Olvidarme? ¿Estás loco?*"

Dios tiene un lugar específico para poner nuestros recuerdos dolorosos: el Mar del Olvido (Mi 7:19). Muchas veces pido a mis pacientes que hagan como si hojearan un "álbum imaginario de fotografías" de su vida. Ahí, en su mente, se encuentran muchos recuerdos que les hicieron daño. -Entonces les pregunto qué quieren hacer con estos recuerdos. Muchos deciden que ya no los quieren cargar y, uno por uno, van rompiéndolos, quemándolos y echándolos al Mar del Olvido.

Hay personas que no quieren olvidar porque piensan que sería como si el acontecimiento no hubiese ocurrido. Dios no minimiza lo que nos ha pasado. Él nunca minimiza el pecado — el que yo cometo o el que otros cometen contra mí. Olvidar no significa hacer como si nada hubiera pasado. Significa vivir más allá de lo que me ha pasado.

Además, no somos capaces de olvidar completamente. Solo Dios puede olvidarse tan completamente de nuestros pecados que cuando se los volvemos a mencionar, no "sabe" de lo que se trata osotros los seres humanos no somos capaces de arrancar de nuestra memoria las cosas que nos hicieron daño. Sin embargo, podemos ser capaces de echarlas en el Mar del Olvido, donde pierden el poder de seguir haciéndonos daño. Lo más importante no es olvidar, sino poder recordar sin que esto me haga daño. Ahí sí estamos caminando en la sanidad.

4. "*¡Quiero venganza!*"

Muchas personas no quieren olvidarse o sanar porque quieren venganza. Quizás esa sea una de las disculpas más peligrosas que hay. La verdad es que la venganza nunca resolvió nada. La violencia genera violencia.

Además, la Biblia nos enseña que la venganza pertenece a Dios (Dt 32:35). Cuando intentamos tomar venganza con nuestras propias manos, estamos robando a Dios. Hay muchas prédicas sobre el diezmo y sobre cómo no debemos robar al Señor aquello que le pertenece, pero nunca oí un sermón que hablara del hecho de que le robamos a Dios cuando nos vengamos con nuestras propias manos. -Entreguemos la venganza a Dios. Él sabrá como retribuir a su debido tiempo. Además de sumamente misericordioso, Él es sumamente justo. Quizás no hace las cosas como quisiéramos, o cuando quisiéramos, pero podemos estar seguros de que todo lo que hace está bien hecho. Dios sabe lo que hace, y es una cosa terrible "caer en las manos de un Dios justo" (Heb 10:31).

5. *"Tengo vergüenza de que otros sepan"*

Muchas personas les da vergüenza que los demás sepan lo que les ha pasado. A veces es algo tan feo, tan terrible, que piensan que no hay nadie en el mundo que podrá oírles sin rechazarles por esto. Vuelvo a insistir en la importancia de compartir nuestros problemas con algún ser humano de confianza.

Creo que hay una gran diferencia entre el secreto y la confidencialidad. El secreto es un lugar oscuro en nuestras vidas donde el enemigo puede meter sus garras y acusarnos. Cuanto más ocultamos un secreto, más acusación hay. El enemigo se aprovecha para hacer que nuestra fantasía sea aún más terrible que la realidad. Mete sus garras y nos manipula a través de la culpa y la acusación.

Cuando comparto mi secreto con alguien de confianza, se rompe el poder del secreto. Este se transforma en confidencialidad. Recibo una medida de la realidad. Entiendo que hay otro ser humano que me puede entender y aceptarme como soy. La verdad me hace libre.

Por otro lado, hay muchas personas en la iglesia que no han sabido cómo guardar una confidencia. Hacen comentarios con su mejor amigo, que a su vez lo comparte con alguien más, y en poco tiempo, toda la iglesia lo sabe. O si no, lo llevan a las reuniones de oración: "Señor, bendice a fulano, que está luchando con sus deseos homosexuales", y ya, todos lo saben a través de la "oración chismosita". Es importante saber oír y guardar la confidencia de mi hermano y hermana. Tengo una amiga (Ayres: 1992) que dice que cuando rompemos la confidencialidad, "exponemos la desnudez del prójimo". ¿Cuántos queremos que sea expuesta nuestra desnudez emocional? ¡Imagínense como sería nuestra vida si Dios contara aquello que le confiamos!

6. *"Tengo miedo de fracasar al intentar algo nuevo"*

Muchas personas tienen este miedo. Para muchos, esto es lo que les impedirá realmente cambiar: el miedo a hacer el ridículo, a enfrentar "lo bueno por conocer". Lo más probable es que cuando intentemos desarrollar una nueva conducta cometamos errores. Todos lo hicimos siempre que intentamos algo nuevo.

Cuando salí de Brasil y fui a vivir en el Ecuador, me tocó aprender el castellano. Durante un año todos corregían lo que yo decía. A veces decía tonterías, otras veces decía cosas que nadie entendía, hasta que poco a poco, fui cometiendo cada vez menos errores, y hablaba el idioma cada vez mejor. Si no me hubiera arriesgado a equivocarme, jamás hubiera aprendido a hablar un nuevo idioma. Hay que arriesgarse para poder cosechar los beneficios de lo que se aprende. No importa que uno se equivoque. Lo importante es seguir adelante con lo que se tiene que aprender. No importa que a los familiares les parezca raro que ahora les trate bie... que importa es tratarles bien.

3. *¿Cuál es su respuesta?*

Esta es la tercera pregunta que vino a mi mente mientras estudiaba ese texto bíblico. ¿Cómo respondemos cuando se nos plantea la cuestión de la sanidad? ¿Contestamos como el joven rico, que dice que no porque tenía muchas cosas a las cuales estaba aferrado? ¿O vamos a contestar como aquel padre desesperado por ver a su hijo curado que respondió a Jesús: "Sí, creo, ayúdame con mi incredulidad"?

Todos los días tendremos que tomar esa decisión. Todo lo que alimentamos crecerá en nuestra vida. ¿Qué quiero alimentar? ¿La sanidad y la santidad a que Dios me llama? ¿O deseo seguir viviendo igual? Cada uno tiene que decidir por sí mismo, pero Dios nos llama a vivir en santidad. Si no sanamos, aunque vayamos al cielo (siendo cojos emocionales) no vivimos todo lo que Dios tiene para nosotros en su perfecta voluntad aquí en la tierra.

Ejercicios para el crecimiento integral:
Si es posible, haga este ejercicio con otra(s) persona(s).

Haga el dibujo de un corazón en una hoja de papel en blanco. Ahí, mirando el papel, pídale a Dios que le ayude a identificar las astillas que todavía le tienen atrapado. Ponga una marca en el corazón para las astillas, y deles un nombre para que pueda identificarlas.

Comparta con Dios y otra persona su dibujo del corazón con astillas. Cuando hayan terminado de compartir, oren unos por los otros, para que así Dios pueda utilizar ese ejercicio para su sanidad. Quizás quiera guardar el dibujo y volver a hacer este ejercicio en seis meses o un año para poder hacer una comparación con la primera vez. Así podrá ver lo que Dios está haciendo en su vida.

Capítulo 3 - Dichos populares la sanidad

Al pasar muchos años escuchando a las personas, uno va oyendo una gran cantidad de dichos que la gente utiliza para explicar sus situaciones. Yo misma oí muchos en Brasil, especialmente de mi mamá, que los oyó a su vez de su madre y de su abuela. Habiendo aprovechado muchos de ellos para ejemplificar ciertos aspectos de la sanidad con mis pacientes, decidí incluirlos aquí, en este libro sobre la sanidad, con los comentarios que suelo hacer. No es algo exhaustivo, pero espero que pueda ayudar a comprender otros aspectos importantes de la sanidad.

1. *No se puede tener todos los provechos en un solo costal.*
Este dicho lo escuché de mi madre durante años. Mis pacientes ya lo conocen bien. Nuestra cultura nos enseña al revés: que podemos tenerlo todo, que no hay por qué perder algo si lo podemos tener todo.

Pero la verdad de la vida nos enseña que realmente no se puede tener todo. Tendremos que perder algunas cosas para ganar otras, y parte de la madurez implica decidir —saber discernir— cuáles cosas vamos a perder y cuáles vamos a ganar.

Uno de los ejemplos más claros de esto tiene que ver con la tentación a cometer adulterio. Muchos piensan que lograrán mantener el matrimonio, que podrán tener a la esposa o el esposo engañados. Al pensar así, tienen la ilusión de que podrán tener los beneficios que le otorga el matrimonio y a la vez los placeres extraconyugales. Después de un tiempo, se dan cuenta de que acaban perdiéndolo todo en muchos casos.

Otras personas llegan y dicen que quieren separarse pero sin que sus hijos sufran. ¡Imposible! Realmente no hay como. O se lucha para mantener el matrimonio intacto o se separan con sus dolorosas consecuencias para todos. No se puede tener todos los provechos en un solo costal.

Creo que esa es una de las dificultades de la vida: saber medir el costo de lo que realmente se quiere ganar y perder. Hay que perder la tentación de tener un amante para ganar la posibilidad de tener un matrimonio protegido y sano. Hay que perder algunas opciones en la vida para ganar otras. En la medida que uno va madurando, se da cuenta de que no será posible mantener disponibles todas las opciones de la juventud. Llega un momento en que se tiene que decidir por lo que realmente es importante —lo que quiero ganar en la vida— y pagar el precio de la pérdida de otras cosas.

Quizás unas de las decisiones más importantes son las que se refieren al peregrinaje con Dios. Muchos quieren "disfrutar" de la vida y por esto no se comprometen con la opción de caminar con Jesús. Piensan que tendrán que dejar las "delicias de este mundo" para vivir una vida aburrida con el Señor. Con este engaño, pierden la intimidad con Dios y sus deleites a cambio de los placeres pasajeros de este mundo.

Tengo una amiga que escribió un libro llamado *Perdiendo para ganar* (Almeida: 1993). Ella plantea otro argumento importante y bíblico: que hay cosas en la vida que *solamente* vamos a ganar si perdemos algo a cambio. Solamente ganamos la vida eterna si morimos para este mundo. Solamente ganamos el señorío de Cristo en nuestras vidas si perdemos el señorío de Satanás. Jesús nos enseñó muy claramente que solamente podría ganar la resurrección si subía a la cruz y moría. Nos enseña que si una semilla no muere, no fructifica (Jn 12:24).

Ojalá todos podamos ejercitar la sabiduría divina en las decisiones en cuanto a perder y ganar.

2. ¿A qué mal palo te arrimaste?

Este dicho lo oí de un paciente chi... ¡que durante años se había arrimado al alcoholismo! Él conocía demasiado bien los malos palos a los que las personas pueden arrimarse. Es impresionante oír, día tras día, dónde las personas se arriman: la bebida, las drogas, la comida, el no comer, las relaciones adictivas, la violencia familiar, las relaciones sexuales promiscuas, casuales o extraconyugales. La lista es interminable. Muchas personas buscan arrimarse a aquello que es "un mal palo". Pero esto nunca les dará la seguridad que tanto anhelan y buscan.

El único "buen palo" es la cruz de Jesús. Es el único palo al que podemos arrimarnos y jamás caer. Está hincado en la Roca Eterna que no se mueve. Cualquier otro "palo" terminará por defraudarnos. Cualquier otro palo es idolatría. Siempre que nos arrimamos a lo que no es del Señor, ponemos nuestra seguridad en aquello que nos puede engañar. Son nuestros ídolos modernos.

La verdad es que solamente arrimándonos a la cruz de Jesús podremos encontrar la sanidad y la consecuente -santidad que tanto necesitamos para dar sentido a nuestras vidas.

3. *Alimenta a los cuervos y te sacarán los ojos.*

Este lo oí de un amigo argentino l referirse a lo que otros habían alimentado en la vida. Lo cierto es que todo lo que alimentamos y nutrimos, crece. Todo lo que matamos de hambre, muere.

Cuando estamos desarrollando la sanidad en nuestras vidas, debemos preguntarnos constantemente: ¿Qué estoy alimentando en mi vida? ¿Alimento lo que me hace daño o lo que me hace bien? ¿Alimento buenos hábitos o malas conductas? ¿Alimento las disculpas para no vivir mejor o las disciplinas que harán que mi vida tome el rumbo que deseo? Lo cierto es que si alimentamos aquello que nos hace daño, esto un día llegará y nos sacará los ojos.

4. *Precio arreglado nunca es caro.*

Un paciente del estado de Minas Gerais, Brasil, vino un día para recibir terapia. Durante nuestra conversación me compartió este dicho. Nunca lo olvidé, porque es muy cierto. Si combinamos bien el precio, no se hace caro para nadie.

Quizás este es uno de los grandes problemas en la vida: las personas no arreglan bien el precio. Pienso que hay "liquidaciones" o precios especiales hasta en las relaciones humanas. Siempre animo a las personas a que averigüen bien el costo —de las relaciones o de las situaciones— antes de involucrarse en ellas.

Hay amistades que cuestan caro. Por ejemplo, una persona depende emocionalmente de otra y acaba haciendo todo lo que esta última quiere. Una domina a la otra. La "amistad" es unidireccional: uno da, el otro recibe.

Muchas personas entran en ciertas relaciones amorosas sin pensar apenas en sus sentimientos. No arreglan el costo antes de entrar. No se dan cuenta de que hay aspectos de las relaciones que son negociables y otros que no los son. Los límites en las relaciones son muy importantes, porque son los que nos protegen. Es esencial saber fijar los límites y mantenerlos, ya que hay muchas personas en la vida que intentarán traspasarlos, aunque hagan esto a veces sin darse cuenta. Saber decir "no" y "sí" es algo muy bíblico. Jesús nos dijo que deberíamos tener en nuestros vocabularios ambas palabras. Por esto no siempre entiendo por qué hay personas que no las saben utilizar.

Me acuerdo de una paciente que llegó una noche al grupo de terapia y dijo: "Necesito ayuda. Tengo el 'sí' flojo y el 'no' dañado". Nos morimos de la risa con su expresión, pero sabíamos muy bien qué nos quería decir. Esa noche trabajamos los 'sí' flojos y los 'no' dañados de varias personas porque todos necesitamos tener ambas expresiones bien ajustadas en nuestra vida.

Otras personas piensan que pueden cambiar el costo después: "¡Ah!, después que nos casemos, será distinto". Pero la persona no cambia con el matrimonio, y el precio de casarse de repente se hace caro, al menos para uno de los dos que forman la pareja. Muchas veces la persona se queja de que el matrimonio se le hizo caro, pero la verdad es que entró en la relación con el precio mal arreglado.

Una de las preguntas que hago a las personas que piensan casarse es: "¿Si esa persona no cambiara nada durante el resto de su vida, usted aguantaría vivir con ella como es?" Si la persona no puede decir que sí, el costo es muy alto.

Es importante que hagamos una pequeña revisión de nuestra vida y evaluemos cuáles son las cosas en la misma que son negociables y cuáles no. Por ejemplo, cuando piense en casarme, ¿me casaría con alguien que ingiere bebidas alcohólicas en gran cantidades? La mayoría de las personas que tienen problema con la bebida lo demuestran durante el noviazgo, pero muchas personas no quieren verlo por las implicaciones que esto tendría para la relación. Prefieren cerrar los ojos que enfrentar el "fantasma". Arreglar el costo de las relaciones es algo que tenemos que hacer a veces más con la cabeza que con el corazón, pero todos los aspectos de nuestras vidas se beneficiarán como consecuencia.

5. *Quien anda con lobos, aprende a aullar.*

Creo que aprendemos a "aullar" en nuestra familia de origen. En general, no tuvimos ninguna opción sobre cuál sería la familia en la que naceríamos o creceríamos. Aprendemos cómo es una familia según sea la nuestra, y es común pensar que la única forma de ser una familia es la conocida.

Quizás aquí vale la pena hacer un comentario sobre el versículo de la Biblia que dice que Dios visita hasta la tercera y cuarta generación los pecados de los padres sobre los hijos (Nm 14:18). Me parecía bastante injusto esto hasta que comencé mi práctica clínica y me fijé en que las personas repetían los modelos aprendidos en su familia aún modelos dañinos, como la violencia o el alcoholismo! Entendí este principio de que las personas viven aquello que aprendieron en familia. Aprenden a "aullar" igualito a sus familiares.

Otras veces esto tiene que ver con las amistades. Proverbios nos dice que las "malas compañías corrompen el buen carácter". Los jóvenes suelen dar mucha importancia a los que piensan y hacen sus amistades. Por un lado, cuando los modelos son positivos, esto tiene buenas consecuencias. Pero otras veces los compañeros son de dudosa virtud y los jóvenes terminan "aullando" de una forma que jamás aprendieron en su familia.

Tal vez por esto un autor comenta sobre la importancia de que el matrimonio no sea un yugo desigual. Solía decir que quien se casa con un incrédulo suele casarse con sus incredulidades. Es más fácil que se aprenda a "aullar" que mantener las disciplinas cristianas.

Es importante pensar en nuestras amistades actuales también. Aunque no creo que las personas cristianas deban mantenerse ajenas a lo que pasa en el mundo, y deben estar en contacto con las personas que no conocen al Señor (¿cómo conocerán a Dios si no les compartimos?), también deben tener sus amistades y hermandad en Cristo que les ayuden a ser más y más como es Jesús.

6. *No pinche a la fiera con vara corta.*

Este es otro dicho brasileño muy común. Hay muchas personas que piensan que pueden vivir al borde del peligro y no hacerse daño. Piensan que pueden dejar la bebida "en cualquier momento". Pueden dejar las drogas en el instante que quieran. No se dan cuenta de que muchas veces las adicciones (ya sea bebida, drogas, comida, sexo) empiezan a ser más fuertes que sus mismas capacidades. Están pinchando a la fiera con vara corta.

Otras veces, hay personas que no entienden por qué otros les responden mal o reaccionan de forma incorrecta a lo que les están planteando. Es necesario averiguar sobre sus vidas y ver si no están pinchando a las fieras. Hay situaciones en las que las personas están provocando a otros que son realmente "peligrosos" y no miden las consecuencias. Cuando "pierden el brazo a la mordida de la fiera" no saben de dónde vino el ataque. Hay muchas personas que viven "peligrosamente" sin darse cuenta, o puede ser que les guste vivir al borde de una sobredosis de adrenalina. Saben que pueden perder la guerra pero igual se meten en la batalla con la fiera.

7. *No se puede pedir peras al olmo.*

Este dicho tiene mucho a ver con la expectativas irrealistas que se tienen con relación a otras personas. Suelo decir a algunos pacientes que están buscando agua en un pozo que ya está seco. Quieren que la mamá o el papá o la pareja les dé algo que jamás podrán darles. Ya sea porque no tienen para dar, o porque no tienen la capacidad, o porque jamás sentirán deseos de darles. Digo que son personas tipo "pozo seco". Pero los pacientes agarran sus "tazitas emocionales" y todos los días van al pozo a buscar agua. Todos los días van al olmo a pedir peras. Y todos los días vuelven frustrados, irritados, desilusionados con el resultado. ¡Por supuesto! ¿Cómo pueden esperar que las personas les den lo que no tiene para dar? Los olmos no dan peras.

Tengo algunos pacientes que vienen a la terapia con la esperanza de cambiar a la otra persona. Quieren que el olmo se transforme en peral imposible! Les digo que podemos ayudarles a cambiar el sitio donde van a buscar las peras y buscar los perales de la vida que sí podrán darles el fruto que están buscando. Pero que jamás vamos a transformar un olmo en peral. Entonces las personas tienen que decidir si quiere cambiar su meta terapéutica o no. La terapia les puede ayudar a encontrar formas de llenar sus necesidades y expectativas de maneras más funcionales, más apropiadas. Pero si sigue pidiendo peras al olmo, seguirán frustrados.

8. *La diferencia entre el remedio y el veneno es la dosis.*

Este dicho viene de la homeopatía. Es cierto que en la vida tenemos que aprender la dosis de todo. Proverbios nos enseña que demasiada miel nos hará vomitar. Nuestra cultura nos dice que no podemos tener demasiado de algo bueno. Pero Dios no nos creó así. En su Manual de Fabricación, la Biblia, Él nos va explicando la dosis de todo: una pareja fiel de por vida para el matrimonio, cuidar aquello que es mío y no codiciar lo ajeno, santificar el tiempo con el Señor, y así sucesivamente. Demasiado de cualquier cosa nos hará daño on la excepción del amor de Dios que es perfectamente dosificado y derramado en nuestros corazones.

Creo que es importante entender la dosis de los sentimientos también. Los sentimientos no son ni malos ni buenos, solo son. Nos dan informaciones importantes sobre lo que estamos viviendo. Debemos tener en cuenta aquello que sentimos aunque no siempre debemos tomar las decisiones basándonos solo en eso. Airarse tiene su lugar, matar a alguno producto de la ira, no. Tener miedos frente a un peligro inminente es natural y necesario para protegernos. Tener miedo de enfrentar nuevas situaciones en la vida nos impide disfrutar de conductas más sanas. Corregir a nuestros hijos es importante, "darles una paliza" violentamente no es algo que les ayudará. Hay que aprender a dosificar todo en la vida.

9. *El que tiene rabo de paja no se arrima en la candela.*

Una de las cosas más difíciles que hay es mirarse a sí mismo y ver nuestra fragilidad. Se nos hace muy fácil juzgar a los demás, pero hay que ver que todos tenemos "rabo de paja". Todos somos pecadores necesitados de un Salvador. A todos nos hace falta que nos traten con misericordia. Es muy fácil acercarse a la candela. Pensamos: "Que bueno que no soy como los demás ue no hago esto o lo otro". Pero la verdad es que todos somos culpables de muchas cosas delante de Dios. Nadie está exento, y por esa razón ninguno realmente puede arrimarse en la candela sin quemarse.

Una de las cosas que más daño hace en la iglesia es el legalismo: pensar que tenemos justicia propia y podemos desarrollar la santidad "desde afuera". La verdad es que el legalismo no es nada más que intentar ser "santo" por nuestros propios esfuerzos. La santidad a la cual el Señor nos llama es la que el Espíritu Santo desarrolla dentro de nosotros mediante la persona de Jesucristo, que habita en nuestro interior cuando somos salvos. Es una obra de adentro hacia afuera.

Al juzgar a los demás, pienso que soy mejor que ellos, pero la verdad es que Dios sondea nuestros corazones y sabe muy bien cuál es la verdad con respecto a cada uno de nosotros. Nos asustamos con el pecado ajeno aunque a Dios no le sorprende el de ninguno. No es que confesemos nuestros pecados y Dios se asuste: "¡Ah! ¡Nunca pensé que fueras capaz de cometer este pecado!". Dios ya lo sabe todo antes que le digamos. Le entristece nuestro pecado, pero no le sorprende.

Tengamos el cuidado de que, cuando nos acercamos a Él, sea para que su luz nos enseñe cómo somos realmente —"pájaros con rabo de paja"— y que podamos buscar su perdón y misericordia cada día.

10. Me tragué el sapo.

Me acuerdo claramente de un paciente que me fue remitido por un médico con problemas de úlceras. Sabemos que muchas enfermedades físicas tienen su raíz en una causa emocional, y la úlcera estomacal muchas veces es un ejemplo claro de una enfermedad psicosomática. Esto no significa que la enfermedad no existe, pero sí que el desencadenante de la enfermedad física es una causa emocional. Un día este paciente vino y me contó una situación que le dejó muy airado, pero en la cual él no había expresado sus sentimientos. Se lo tragó todo, y me dijo: "Me tragué el sapo". Entonces me di cuenta del origen de su mal. Por supuesto que una de las causas de su úlcera eran los "sapos tragados". Los sapos no fueron hechos para tragarse, no se digieren en el estómago y además, hacen daño al cuerpo humano. Durante varias sesiones a partir de ahí trabajamos sus iras, sus dificultades en expresar sus sentimientos, y cómo podría aprender a responder de una forma adecuada a las situaciones que provocaban su enojo sin tener que tragarse los "sapos".

Muchos de estos dichos que estamos trabajando tienen esa conexión psicosomática: cuentan la historia metafórica de lo que está pasando a nivel inconsciente dentro de la persona. Si escuchamos el discurso del paciente con cuidado, muchas veces descubriremos qué le está pasando por los dichos que emplea.

Ejercicios para el crecimiento integral:
1. Haga un dibujo de dos costales. En uno dibuje las cosas que tiene que perder y en el otro, las cosas que ganará al perder las primeras. Compártalo con otra persona y oren juntos.
2. Haga un dibujo de varios palos en posición vertical. En los palos, escriba lo que representan cada uno en su vida: cosas a las que se ha arrimado y que no sirven para aguantar su peso.
3. Dibuje varios "cuervos" y deles los nombres de cosas que ha alimentado en su vida y que pueden "sacarle los ojos". Comparta y ore por eso.
4. Dibuje un grupo de lobos y nombre quienes o qué cosas son las que vienen acompañándolo y que no son una buena compañía.
5. Haga una lista de cosas que está "pinchando con una vara corta" en su vida, cosas que usted mismo está provocando y que pueden venir a "darle sus mordidas".

Capítulo 4 - Sanidad sexual

Este es uno de los temas que se toca poco en la iglesia, pero que es sumamente necesario discutir. Me imagino que todos se han dado cuenta de que somos seres sexuales, independientemente de si tenemos una vida sexual activa o no. La verdad es que Dios nos creó como seres sexuales a propósito. No es que nos haya creado y después dicho: "¡Ah, se me fue la mano!" Su intención fue siempre que tuviéramos la sexualidad y que pudiéramos disfrutar de ella.

Dios también propuso algunas reglas y principios para la vivencia de la sexualidad. Una de las cosas que he aprendido a duras penas en mi vida es que Dios no es "aguafiestas". Si Él nos dice: "Hagan el amor dentro del matrimonio", créame que esto no es una regla medieval sino el deseo genuino y sincero de protegernos y cuidarnos. Ya que Él es el "fabricante" del ser humano, también nos dio su "Manual de Fabricación", la Biblia, para que pudiéramos funcionar de manera óptima. Dios nos ofrece sus principios porque nos ama, nos quiere y desea que podamos glorificarle aun con nuestra sexualidad.

En cambio, el mundo habla de este tema de la misma manera que la serpiente habló a Eva: "¿Es cierto que Dios dic... " y siembra la desconfianza acerca de la bondad de Dios. El mundo nos dice: "Seguramente el Dios de amor no nos va privar del placer del sexo siempre y cuando haya amor de por medio". O insisten en que conceptos como la virginidad, guardarse sexualmente puro para el matrimonio y la fidelidad conyugal son del tiempo de los dinosaurios y que deberían haberse muerto junto con ellos.

Lastimosamente, las personas suelen creer que los principios bíblicos que rigen la sexualidad están pasados de moda y, por lo tanto, hacen lo que les da la gana. Al desobedecer los designios de Dios, se exponen a muchas consecuencias no deseadas. Quizás unas de las áreas más cruciales en las que se tiene que decidir si Dios es bueno o no es justamente en el área sexual. Cuando Dios nos enseña que la relación sexual es privilegio exclusivo de un matrimonio entre dos personas heterosexuales, que se profesan fidelidad mutua de por vida, hay que preguntarse: ¿Creo que esto es bueno? ¿Dios sabe lo que está haciendo al decirnos esto? ¿La Biblia todavía tiene validez para los días de hoy?

Vemos muchas consecuencias derivadas de no cumplir con el propósito de Dios para la relación sexual. Las relaciones prematrimoniales llevan a casamientos apresurados debido a embarazos inesperados, que suelen terminar en divorcio por la inmadurez de la pareja o justamente porque se casaron por las razones equivocadas. Vemos la infidelidad conyugal destruyendo los hogares: el divorcio por adulterio o los matrimonios para guardar las apariencias. Vemos hijos heridos porque ven a su papá con otra mujer o hijos abandonados porque la mujer se fue con otro. Hay muchísimas situaciones que podríamos seguir relatando que ejemplifican el daño que produce el adulteri... o que se hace en nombre del "amor" y de la pasión.

También hay un creciente número de situaciones que involucran la homosexualidad: personas que deciden "asumir" su identidad gay, otros que abandonan sus hogares para irse con alguno de su mismo género, incluso algunos que luchan silenciosamente en los bancos de las iglesias, muertos de miedo de decir algo sobre lo que sienten y padecen por temor al rechazo o a la expulsión.

Además, todos los días sabemos de situaciones de abuso sexual o de violaciones. Muchas piensan que esto solamente les sucede a las mujeres, pero los hombres también sufren abuso, especialmente de parte de otros hombres. Esas experiencias de abuso suelen dejar profundas huellas. Asusta la cantidad de niños y niñas que son abusados. Muchos piensan que el abuso solo ocurre cuando hay penetración, pero la verdad es que el abuso ocurre a través de toques indebidos, palabras insinuantes y miradas inapropiadas.

Cada día más personas se están haciendo adictas a la pornografía, especialmente por la Internet. Muchos, incluyendo a pastores y líderes cristianos, piensan que es un pecado que nadie ve, nadie los descubrirá y, a fin de cuentas, "no están haciendo daño a nadie". Esto es apenas su secreto privado. Pero las esposas no entienden por qué los esposos no las buscan como antes, o cuando lo hacen, plantean formas de tener relaciones que suelen ser abusivas o degradantes.

Muchos piensan que esas cosas no pasan en las iglesias, pero la verdad es que el pecado sexual es uno de los "secretos bien guardados". Tenemos que darnos cuenta de que el pecado sexual tiene consecuencias graves. Pablo nos dice que es el único pecado que estamos cometiendo contra el cuerpo. Si hacemos un paralelo con el Cuerpo de Cristo, la Iglesia, el pecado sexual — principalmente entre los líderes cristianos— afecta a la iglesia de una forma distinta a los demás pecados. No es que sea peor, sino que tiene un significado y consecuencias distintos a los otros pecados, porque se cometen contra el Cuerpo de Cristo. De alguna forma "mística" —estamos haciendo al Cuerpo de Cristo "uno" con el pecado sexual, así como Pablo describe que el que se acuesta con una prostituta se hace "uno" con ella (1 Corintios 6:15). Y si miramos a nuestro alrededor y vemos lo que pasa con las iglesias donde hay inmoralidad entre los líderes, vemos que la Iglesia sufre mucho y le cuesta mucho recuperarse.

¿Por qué debemos hablar sobre este tema?

Como he escrito en otros sitios (Campaña et al, -2000:9-10), el *no hablar no nos ayuda*. La iglesia en general ha mantenido silencio sobre este tema durante siglos y esto no ha sido útil. Hoy, en los tiempos del SIDA y otras enfermedades de transmisión sexual, el silencio puede ser una sentencia de muerte. El no informar a nuestras congregaciones sobre los riesgos sexuales y el no contribuir a formar un carácter cristiano basado en la sanidad y santidad a las que nos llama el Señor es ignorar gran parte de nuestra tarea como iglesia.

En cambio, *el mundo está hablando bien alto y fuerte, y con valores completamente contrarios a los valores bíblicos.* Nuestros jóvenes están sufriendo la constante presión de tener relaciones cada vez más prematuramente. Las novelas y los programas de televisión "embellecen" los pecados que condena la Biblia: la infidelidad conyugal y las relaciones prematrimoniales. No hablan de las consecuencias tales como el aborto provocado, las enfermedades transmitidas sexualmente, el SIDA, el incesto, el abuso sexual, la pornografía, las adicciones sexuales, etc. El énfasis es en el placer personal: cada uno debe buscar lo que le hace feliz, lo que le da placer. Mantener votos de fidelidad, "privarse" de los placeres de la carne es considerado algo medieval y ya no tiene lugar en un mundo "moderno" (o mejor, posmoderno). Nuestra -sociedad, que antes daba ciertos "permisos culturales" a los hombres en cuanto a las costumbres sexuales, ya no se espanta cuando las mujeres hacen lo mismo. En vez de buscar la "igualdad" de las personas por lo que las honra, el mundo lo está haciendo por aquello que las degrada y las abusa.

A la vez, la iglesia tiene un mensaje profético que ofrecer. Solamente Jesús posee las palabras de vida, y esto significa que solamente Él tiene las palabras de vida para nuestra sexualidad. Creemos que la Biblia nos enseña que la práctica sexual fue creada para el deleite personal de la pareja en el contexto del vínculo matrimonial, donde se desarrollan las tareas de procreación, crianza de los hijos, formación de los valores cristianos, la administración de la Creación, y la oportunidad de envejecer juntos como pareja y como familia. El pecado sexual rompe todos estos esquemas.

Cuando Dios creó la sexualidad, proveyó la oportunidad para reflejar la intimidad emocional y espiritual que desea que tengamos, primero con Él, y segundo con el cónyuge. La intimidad física debe servir para profundizar la intimidad que ya debe existir entre las personas. Una de las cosas interesantes que comparten las parejas que tienen un tiempo constante y regular de oración juntos como pareja es que ¡su vida sexual ha mejorado! Cuentan que hay una nueva ternura y pasión presentes. Parece que en la medida en que comparten sus corazones y almas en oración, el compartir sus cuerpos toma nueva dimensión.

El sexo ha sido tan desvinculado de la espiritualidad que a la mayoría de los cristianos no se les ocurre agradecer a Dios por su sexualidad. Las parejas no piensan en agradecer al Señor por sus relaciones sexuales, u orar antes o después de hacer el amor. Pero la Biblia nos dice que un día seremos uno en el Señor de una forma mística y aun más profunda, demostrada en la relación sexual. Por esa razón el enemigo sabe que si él puede dañar a las personas en su intimidad sexual, especialmente en la niñez a través del abuso sexual o las malas enseñanzas y experiencias, logrará perjudicar al individuo en su capacidad de tener intimidad con Dios. Este pecado distorsiona la visión y percepción que tienen las personas del sexo.

El enemigo busca activamente dañar a las personas en su área sexual: el tener múltiples parejas antes del matrimonio hace que los adultos lleven sus experiencias —buenas y malas— al lecho matrimonial, donde muchas veces hacen comparaciones con la pareja actual. El abuso sexual enseña al niño aspectos sexuales con los cuales no está emocionalmente preparado para lidiar. En algunas personas se desarrollan otro tipo de adicciones: personas adictas al sexo también son adictas al alcohol. Sabemos que el ochenta por ciento de las personas que nos buscan para que las ayudemos a cambiar su orientación homosexual tienen una historia de abuso sexual. El aborto provocado deja sus huellas n las mujeres *y también* en los hombres.

Si uno de los lugares más íntimos —nuestra sexualidad— ha sido dañada, se nos hace mucho más difícil confiar y creer íntimamente en Dios.

Por esas y otras razones es sumamente importante que la iglesia alce su voz y hable, con misericordia, con compasión, con información correcta, con la verdad del amor. Demasiadas personas en nuestras iglesias están sufriendo, la mayoría en silencio, porque no saben adónde ir con sus dificultades sexuales.

La Biblia habla muy claramente sobre el sexo, sin pelos en la lengua. Vemos las instrucciones sobre cómo las mujeres deberían lidiar con su menstruación, los hombres con el flujo de semen. Habla de la circuncisión como el símbolo del pacto entre Dios y Abraham ndo la parte del pene que crea infección. Pablo dice que debemos circuncidar nuestros -corazones acar la infección del pecado también de nuestro medio. Contiene la historia de muchos pecados sexuales: Rahab, la prostituta, que formó parte de los antepasados de David y Jesús; Sansón, que recibió una unción muy fuerte y se perdió sexualmente con las mujeres; David que era "un hombre según el corazón de Dios" y que cometió adulterio y después homicidio para encubrirlo. Vemos a la mujer samaritana que ya había tenido cinco parejas antes de conversar con Jesús. Es a esa mujer fornicaria que Él se revela como el Mesías.

Dios no toma los pecados a la ligera. Le costaron demasiado caros para hacerlo. Pero el Señor ha provisto redención hasta para los pecados sexuales, y esto es parte las Buenas Nuevas que tenemos para la humanidad. No tenemos que vivir esclavos de nuestro instinto sexual. Hay liberación y la posibilidad de hacer nuestras decisiones cuando sometemos nuestra sexualidad a Dios.

¿Por qué los cristianos luchan con los pecados sexuales?

Muchos en la iglesia piensan que al conocer al Señor Jesús y entregarle nuestra vida ya no tendremos más problemas. La verdad es que hay una promesa que nunca encontramos en la "cajita de promesas" y que nadie quiere reivindicar para sí. Jesús nos *prometió* que en este mundo tendríamos aflicciones ero que Él había vencido al mundo. Y así como Él venció al mundo, también nos da el poder de vencer nuestras pasiones. No hay ningún lugar en la Biblia que diga que al venir a los pies del Señor no tendremos problemas o tentaciones. Lo que sí nos promete es que Él va a andar junto a nosotros (Salmo 23), darnos su paz, nos asegura que donde esté Él también nosotros pasaremos la eternidad, y nos brinda muchas otras promesas. *Vivimos en un mundo caído.* Aunque hay redención y perdón para nuestros pecados, las tentaciones y aflicciones continúan en esta vida. Y esto incluye las -tentaciones y dificultades sexuales.

Además, las personas tienen libre albedrío. El primer don que Dios da a las personas después de haberles dado la vida es la posibilidad de elegir. En el Jardín de Edén dijo: "Aquí está el arbolito. Si ustedes comen, tienen estas consecuencias. Si no comen, tienen estas otras consecuencias. Ahora decidan lo que van a hacer". Dios no nos obliga a nada. La verdad es que quien nos quiere controlar, seducir y manipular es el enemigo. Por eso es que esas cosas las considero como "primas hermanas" de la brujería. La seducción, el control y la manipulación son todas formas de hacer que las personas hagan lo que *yo* quiero que hagan. Imaginemos que a una mujer le gustó un hombre casado y ella quiere que él esté con ella. Entonces se va donde la bruja, le paga para que haga un hechizo y así él deje a su esposa y se quede con ella. ¿Que es esto? Control y manipulación. Los que no tienen el Espíritu Santo dentro de sí están sujetos a esas maniobras del enemigo. Nunca debemos olvidar que existe un depredador que nos busca para matar y destruir.

En Cristo tenemos libre albedrío. Jesús murió precisamente para que pudiéramos elegir la voluntad de Dios y no continuar como esclavos del pecado. Ya no estamos más obligados a pecar. Podemos elegir ser santos.

Es cierto que aún cargamos las marcas de nuestra naturaleza caída. Y sufrimos las consecuencias de las malas decisiones de otros, cuando, por ejemplo, las personas son abusadas o traicionadas. Siempre vamos a tener que luchar con la tentación.
Dios permite las tentaciones por muchas razones. Nunca llegaremos a un punto de madurez espiritual donde no tengamos que depender

más de Él. Por más que crezcamos en la vida con Jesús, siempre vamos a depender de su gracia para poder sobrellevar las dificultades de la vida. Dios quiere desarrollar nuestros "músculos espirituales" para que seamos cada vez más fuertes para resistir la tentación, especialmente la tentación sexual. La verdad es que somos débiles y se trata de una debilidad que nunca vamos a perder. Solamente somos fuertes en Él. Es a través de nuestra humildad y sumisión que Dios podrá trabajar en nuestras vidas.

Finalmente, Dios nos crió con la necesidad de tener relaciones íntimas, no solo sexuales, sino intimidad emocional, espiritual y psicológica. Todos deseamos tener intimidad, aunque a muchas personas la idea les asusta. Necesitamos relaciones de intimidad emocional, y por esto Dios proveyó las amistades. Necesitamos otro nivel de intimidad, y Dios proveyó el matrimonio. Los niños necesitan intimidad, y Dios les brindó la familia, sus papás y mamás. Necesitamos intimidad personal con el Creador, y Dios proveyó a Jesús para abrir este camino. Necesitamos intimidad espiritual y Dios nos dios la iglesia, la oración con los hermanos y hermanas y la adoración congregacional. Cuando buscamos tener intimidad sexual sin tener la debida intimidad emocional, pronto el sentido de la relación se torna vacío. No pasa de ser un placer pasajero que suele dejar a las personas más vacías que antes. Están intentando llenar una necesidad emocional legítima de una forma sexual. Esto jamás va funcionar.

¿Cómo podemos evitar caer en tentación sexual?

En primer lugar, es muy importante que reconozcamos que somos débiles en esa área. El instinto sexual es fuerte, y Dios lo creó así a propósito. Nos toca aprender a manejar nuestra sexualidad. Debemos reconocer que esa es un área débil en nuestras vidas y tomar los debidos cuidados. No es una cuestión de: ¿Qué voy a hacer si me viene la tentación? La legítima pregunta es: ¿Qué voy a hacer *cuando* me viene la tentación? En 1 Corintios 10:12 se nos dice: "el que piensa estar firme, mire que no caiga". Porque lo más cierto es que todos seremos tentados. Es mejor estar preparados para la tentación que tener que empezar a pensar en qué haremos una vez que nos sobrevenga la tentación. Para muchos, ya es tarde. Entonces, si sabemos que vendrá el peligro, debemos tener de antemano un "plan de acción" bien claro para que sepa qué hacer en tales situaciones.

Pablo dice que debemos "huir" de las pasiones juveniles (2 Ti 2:22). A veces huir o evitar las situaciones es la mejor estrategia. No le lleva mucho tiempo a uno que se la pasa mirando a las vitrinas de Satanás para que entre y compre lo que se le ofrece. Si no debemos burlarnos de Dios, tampoco debemos jugar con el enemigo. Solamente somos más fuertes que el enemigo por la presencia del Espíritu Santo que habita dentro de nosotros. Si no ejercitamos nuestra autoridad en Cristo, el diablo nos vence.

Satanás es un depredador. Él nos busca para devorarnos. Si nos puede hacer caer en tentación sexual, mejor todavía. La mancha de ese pecado persigue a muchos líderes hasta hoy. ¿Cuántos han perdido sus ministerios por eso? ¿Y cuántos más viven con las cicatrices del pasado aunque ahora están restaurados?

Al desarrollar nuestro "plan de acción" debemos ser severamente honestos con nosotros. Evitemos lugares que puedan dar mala apariencia. El Dr. Billy Graham jamás sale a comer con una mujer a solas. Si alguien de su calibre piensa que eso es importante, ¡cuánto más nosotros! Fortalezcamos nuestra relación conyugal. Debemos tener en nuestra pareja nuestro mejor amigo o amiga, y es necesario poder compartirle todo, sin el temor al rechazo o los celos. Los líderes de iglesia que trabajan en consejería cristiana pueden evitar aconsejar a los del sexo opuesto sin que esté una tercera persona presente. Los pastores pueden trabajar con una ventana de vidrio en sus oficinas para que los que pasen puedan ver que nada sospechoso está ocurriendo. Más vale perder un poco de privacidad que dar la apariencia de algo malo o ser vulnerable a las malas lenguas. Tener una persona que le pregunte regularmente cómo anda en esa área de su vida es extremadamente útil. Es hacerse vulnerable y responsable delante de otra persona. Me acuerdo de una señora que me comentó que cuando se hizo miembro de su iglesia le dio permiso a una hermana de su congregación para que le pudiera preguntar lo que quisiera y que se comprometió a contarle la verdad. No lo hacemos por curiosidad o control (¿se acuerdan que el control huele a azufre?), sino por protección. Los líderes cristianos deben hacer esto con mayor razón. No sé por qué piensan que los líderes están exentos de las trampas del enemigo. ¡Muchas veces son los más vulnerables! También los miembros de la iglesia deben estar siempre atentos para estar orando por sus líderes.

Cuando somos tentados debemos llevar nuestras tentaciones directamente a Dios. La tentación no es pecado. Entregarse a lo que ella plantea sí lo es. Si le contamos a Dios lo que nos está pasando, la tentación pierde su fuerza, y Dios nos dará la gracia para poder enfrentarla y vencerla. No es que agarraremos al Señor de sorpresa: "¡Ah, nunca imaginé que tal cosa podría estar pasando a mi hijo!" No, Dios ya lo sabe todo. Está apenas esperando que le contemos para darnos la fuerza para vencer lo que el enemigo pone en nuestro camino. Busque a alguien que pueda orar con usted para evitar caer. El que está firme, mire que no caiga.

Finalmente, quiero decir algo sobre la obediencia. La obediencia a Dios no nos sana, pero nos pone en un sitio donde la sanidad puede ocurrir. Me gusta comparar la obediencia con las ciudades de refugio que Moisés ordenó que el pueblo de Israel estableciera una vez que entraran a la Tierra Prometida. Eran seis ciudades a las que podrían huir los que habían matado a alguien accidentalmente. Las reglas eran que tenían que quedarse ahí hasta la muerte del Sumo Sacerdote. No podían salir para nada o el vengador de la sangre les podía matar. En cambio, dentro de la ciudad de refugio, el vengador no podía entrar ni encontrarles.

Cuando vivimos en obediencia, hay muchas cosas que el enemigo no puede hacer con nosotros. Estamos protegidos por los muros del Señor, porque Él es nuestro refugio. Pone sus ángeles a nuestro alrededor para protegernos. Jesús es nuestro Sumo Sacerdote que ya murió para darnos la libertad de ir y venir en el Reino de Dios, pero si salimos de su voluntad, el vengador nos puede atacar. Desobedecer nos cuesta caro. Tiene consecuencias graves. Más vale vivir vidas obedientes al Señor y estar protegidos por su mano. Más vale vivir en la "ciudad de refugio".

Ejercicios para el crecimiento integral:
1. Realice un dibujo: si su sexualidad fuera un animal, ¿qué animal sería? Haga el dibujo, ponga el nombre del animal (vale todo), y escriba una corta historia de cuatro a cinco líneas sobre este animal. Comparta esto con otra persona o con un pequeño grupo de crecimiento integral.

2. Examínese con honestidad y vea cuáles son sus áreas de debilidad sexual. Planifique lo que puede hacer para evitar las tentaciones en esa área. También planifique lo que hará en caso de que sea tentado. Haga su "plan de acción" para cuando venga la tentación.
3. Identifique cuál será la persona de su confianza a quien va a hacer responsable y que tiene permiso para preguntarle sobre su vida sexual, vida de pensamientos, tentaciones y acciones. Por supuesto, esas cosas deben estar guardadas en confidencialidad. Oren juntos por sus tentaciones.

Capítulo 5 - Restauración sexual

En el capítulo anterior analizamos la importancia de hablar sobre la sanidad sexual y dimos sugerencias para protegernos de la tentación. En este capítulo, trataremos sobre qué hacer con los miembros de la iglesia y los líderes cuando ocurren pecados contra la moral.1

Hay muchas situaciones distintas y no podremos abarcar todos los temas, pero creo que es importante ofrecer algunas pautas que puedan servir para la restauración sexual. La verdad es que la tendencia de la iglesia es ir a uno de dos extremos: (1) expulsar al culpable o exponerle a tamaña vergüenza que la persona misma se encargue de irse; (2) o hacer de cuentas que no pasó nada después de una rápida petición de perdón o confesión. Ningún de los dos extremos es apropiado. El pecado sexual no es el pecado sin perdón; por otro lado, es grave y no se debe tomar a la ligera.

Pasos a considerar en la restauración sexual

1. En los casos de liderazgo cristiano, cuando hay una caída moral, el primer paso es retirar a la persona de su posición de autoridad. Esto parece ser muy simple y sencillo, pero muchas veces no lo es. Demasiadas iglesias no tienen un cuerpo pastoral capaz de retirar al pastor, anciano o líder de su posición, simplemente porque los estatutos de las iglesias son tales que el pastor o líder es el que manda solamente. No tiene a otra autoridad a quien responder (y muchas veces no la quiere, es así a propósito y esto es una de las cosas que le deja muy vulnerable). Es importante que la iglesia o ministerio tenga una estructura tal que haya un cuerpo pastoral con autoridad de retirar al líder en caso de que esto sea necesario.

    Muchas veces hay una enorme resistencia a hacer esto. "¿Quién va a liderar a las ovejas?" "¿Y el escándalo que se va armar a consecuencia?" "Mejor dejémoslo como está y tratemos esto con privacidad". Pero Dios no tolera el pecado, y si la iglesia no da los pasos necesarios para cuidar de la situación, con el tiempo, Dios lo hará: la iglesia no recibirá la bendición ni la unción del Señor, las ovejas también caerán en pecado, y el escándalo saldrá a la luz de todas formas. Es mejor que la iglesia tenga la madurez suficiente para enfrentar la situación y tomar la iniciativa. Si actúan con la intención de una verdadera restauración, con misericordia y firmeza, también darán un ejemplo a los demás miembros de cómo ellos serán igualmente tratados si caen en pecado.

Jesús nos dejó muy claro que quienes tienen más responsabilidades, también tendrán mayores exigencias. Un líder cristiano que hace una opción por una vida pública —y el pastorado es una vida pública— tiene que saber que si cae en pecado, lo más probable es que esto se haga público también. Aunque se intente mantener los detalles en privado, si un líder cae en pecado grave, lo mejor es que la iglesia reciba una explicación. No tiene que ser hasta en los más mínimos detalles, pero si no hay una explicación pública, habrá los suficientes chismes como para que los líderes se arrepientan de no haberlo hecho desde el inicio.

En el caso de una oveja —que tiene menos responsabilidades— no creo que sea necesario que todo salga a la luz pública. Las personas tienen derecho a tener sus vidas protegida... hasta cierto punto. Esto depende mucho de la reacción de las personas al proceso de disciplina y restauración. Muchas iglesias son demasiado severas, haciendo que el miembro tenga que confesar pecados públicamente que no son de mayor consecuencia. Otras no tienen ninguna política para el manejo de pecados contra la moral y no saben qué hacer cuando esto les pasa. En este sentido sería importante que la iglesia desarrollara su estrategia de manejo de pecados sexuales *antes* que tengan que ponerla en práctica a la fuerza.

La Biblia nos enseña que el primer paso en la restauración es confrontar al hermano o hermana en privado. Si la persona lo admite y lo confiesa, igual habrá que dar otros pasos, pero resulta más fácil lidiar con la situación si toda la iglesia no tiene que estar involucrada en el caso. Si la persona no responde adecuadamente a la primera confrontación, entonces se dará el segundo paso descrito en Mateo 19: Ir con testigos y confrontar. Ahora, la Biblia es clara en que debemos confrontar en amor. Esto significa hacerlo con firmeza pero con misericordia, dando toda oportunidad para que la persona dé su explicación, sea oída, y también para que las pruebas le sean presentadas. A la vez, no se deje engañar con "historias mal contadas". Antes de la confrontación debe haber mucha oración y quizás ayuno, para que Dios dé revelación y traiga a la luz toda verdad. Dios desea que la verdad sea revelada porque solamente la verdad hará que las personas puedan ser perdonadas y libres para la restauración.

Yo tengo un amigo que dice que Dios "delata", esto es, Dios hace saber a las personas lo que necesitan para lidiar con las situaciones. En realidad, Dios está haciendo esto siempre con los padres, delatando lo que hacen sus hijos para que ellos puedan corregirlos en amor y dirigir sus pasos a toda verdad. Y de igual forma lo hace con su iglesia si se lo pedimos. (¡Muchas veces lo hace aunque no lo pidamos!)

2. Se debe estructurar un pequeño comité o grupo específicamente designado para acompañar a la persona en su proceso de restauración. Deben ser personas capaces de mantener en forma confidencial lo que se está tratando, maduras en la fe, misericordiosas ero a la vez sin miedo de decir la verdad con tino. Además, deben ser dignas de la confianza de la persona con quien se está tratando, ya que esta última tendrá que comprometerse a someterse a las reglas de restauración que se le impongan. Unas tres o cuatro personas serían suficientes. Cuando se trata de adulterio, es importante que estén presentes mujeres en el comité. La verdad es que muchas veces las esposas acaban recibiendo la culpa de parte de los hombres por el adulterio del esposo: se alega que no supieron ser esposas sumisas, que no cuidaban sexualmente a sus esposos, y montón de otras excusas que terminan ¡por castigar a la víctima y no al culpable! La verdad es que la esposa no puso una pistola en la cabeza del marido y le dijo: "Traicióname". Ya vi demasiados casos en la iglesia donde el hombre comete adulterio y la mujer queda como la culpable. Esto es sumamente injusto, porque además de soportar el dolor de

descubrir la infidelidad del esposo, aun tiene que lidiar con las malas lenguas que le quieren echar la culpa a ella.

Al fin al cabo las personas cometen adulterio porque quisieron. Nadie les obligó. Ellas mismas tomaron la decisión en algún momento de cometer el pecado sexual. Puede haber muchos factores que contribuyeron, pero nada justifica el pecado. La persona tiene que asumir su responsabilidad y su culpa por el pecado cometido. En realidad, la disposición y actitud de la persona en el proceso dirá mucho sobre si realmente habrá una restauración o no. Muchas personas prefieren simplemente dejar la iglesia y seguir su camino sin la ayuda de nadie. Un arrepentimiento sincero y una confesión completa son elementos importantes en la restauración, pero no son suficientes para decidir que el problema está resuelto y podemos continuar con nuestra vida. Hay que buscar las raíces del problema y curarlo, si no, es una cuestión de tiempo hasta que el pecado se repita.

3. Se debe tener claro que el proceso de restauración lleva tiempo. Por eso se dice que es un proceso. No hay soluciones mágicas ni rápidas. Muchos quieren que el problema simplemente desaparezca lo más pronto posible. Las soluciones rápidas no suelen ser las mejores en estos casos. La restauración lleva tiempo, y hay que tener paciencia.

4. Hay varias "tareas emocionales" y espirituales que deben ser cumplidas en esa etapa.

La relación extraconyugal tiene que terminar, sin excusas. No hay ninguna posibilidad de restauración si las personas involucradas en el caso se siguen viendo. Debe haber algún tipo de seguimiento para estar seguro de que esto ocurra. No vale la pena ni siquiera empezar a esforzarse por el matrimonio sin no se da esa condición.

El cónyuge herido, en la mayoría de los casos la esposa, tiene el derecho de decidir si ella quiere o no seguir adelante con el matrimonio, ya que ella tiene fundamentos bíblicos para pedir el divorcio cuando hay adulterio o abandono. Ella no debe ser presionada a involucrarse en el proceso de restauración teniendo como motivo el que su marido pierda el ministerio. Hay cosas mucho más importantes en juego ahora que eso. Ella debe tomar su decisión sin presión de los demás. Si ella no desea que el matrimonio funcione, no hay proceso de restauración que resuelva las dificultades.

La persona que entra en el proceso de restauración debe continuar involucrada en la iglesia, es decir, debe seguir asistiendo a los cultos y a la escuela dominical. Sería también importante que participara en un grupo de estudio bíblico o célula de la iglesia. Debe tener reuniones regulares con alguien que se hará cargo de su proceso de restauración en conjunto con el pequeño comité. A veces se hace incómodo para el pastor o para el grupo que esté presente sin que participe en liderazgo, pero esto es parte de la tarea de recuperación. Hay que aprender a ser humilde y sumiso a las orientaciones del comité, y como no debe estar en posición de autoridad, tendrá que asistir a las reuniones como oveja y aprender de otros.

Deben considerar la posibilidad de buscar ayuda profesional, un psicólogo cristiano que podrá ayudar a analizar cómo fue a parar a tal situación, ya que hemos visto que muchos de los problemas de la vida empezaron en la crianza y los modelos incorporados en la infancia. Alguien que se crió en un hogar donde hubo adulterio tendrá una probabilidad alta de cometer adulterio o de casarse con alguien que lo hará. Por esto también es importante tratar en el ámbito espiritual el rompimiento de las maldiciones espirituales y/o psicológicas. La ayuda psicológica también ayudará a descubrir y exponer las raíces de las dificultades que llevaron la persona a la situación de caída moral.

5. Durante el proceso de restauración debe haber -evaluaciones en cuanto al progreso que se está alcanzando (o no). Existen preguntas importantes que deben ser consideradas (Edlin, S., 2002. El texto completo está en el apéndice de este libro).
    a. ¿La persona sigue sometida al proceso y las orientaciones aun cuando las cosas se hacen difíciles?
    b. ¿Asume la responsabilidad por su conducta? ¿Demuestra arrepentimiento, remordimiento y vergüenza apropiados?

- c. ¿Ya trabajaron en su ira o resistencia hacia el proceso y en el tiempo requerido para la restauración al ministerio?
- d. ¿Ha habido cambios positivos en su estilo de vida y adquisición de hábitos sanos y sanadores?
- e. ¿Qué dicen las personas con quienes se relaciona? ¿Y su cónyuge? ¿Sus amigos cercanos? ¿Está logrando desarrollar y/o mantener relaciones sanas con las personas, con sus pares y con las personas del sexo opuesto?
- f. ¿Evidencian algún fruto de que están creciendo en su relación con Dios?
- g. ¿Qué dice su pastor, o el líder del estudio bíblico, o el psicólogo/consejero?
- h. ¿Existe algún fruto de que están reconstruyendo sus relaciones familiares con su cónyuge e hijos?

Para mí, lo más importante es el fruto. Jesús nos enseñó que "por sus frutos los conoceréis"(Mt 7:16). Durante el proceso (y por esto lleva tiempo ara que se produzca fruto) las personas que están acompañándole tendrán la oportunidad de ver si el fruto que está produciendo la vida de la persona en restauración es bueno, o si apenas está cumpliendo con los reglamentos de forma obligada. Para que haya una verdadera restauración tiene que haber fruto de arrepentimiento y justicia, y cambios duraderos que demuestren que la mudanza viene desde adentro, como obra del Espíritu Santo.

6. Posiblemente la persona en restauración va a necesitar ayuda con las cosas prácticas. Si el pastor pierde sus ingresos económicos al ser disciplinado, tendrá que buscar trabajo para seguir sosteniendo a su familia. Las personas involucradas en la restauración deben ayudarlo a conseguir un trabajo apropiado. A veces pierden la vivienda pastoral y van a necesitar cambiar de casa.

No se debe olvidar a sus hijos, que posiblemente también necesitarán de ayuda para entender por qué sus vidas cambiaron tan drásticamente en poco tiempo. El cónyuge debe recibir ayuda también. Muchas veces la esposa no sabe adónde ir con su vergüenza, con su ira o depresión, y con los sentimientos de pérdida de la vida conocida y la confianza en el esposo. Es importante que ella tenga a alguien con quien pueda procesar lo que siente y que sea incluida y oída por el comité de restauración. Su recuperación también llevará tiempo y jamás se le debe decir que simplemente perdone al marido y "ponga una piedra encima". Su sufrimiento merece ser tratado con respeto y dignidad.

Al final de ese proceso —que suele llevar un año al menos— poco a poco se puede empezar a pensar en la posibilidad de involucrar en algunas tareas a la persona en restauración, si es que su vida realmente está produciendo frutos que glorifiquen a Dios. No palabras, sino acciones y cambios duraderos en su vida.

Comentarios sobre problemas específicos

Adulterio: Normalmente en el proceso de recuperación de un adulterio hay dos dinámicas cruciales que deben ocurrir. En primer lugar es importante que se pueda resolver la cuestión del adulterio en sí mismo. La esposa tiene el derecho de saber lo qué pasó. A veces es saludable que se pueda fijar una o dos sesiones donde la esposa puede preguntar todo lo que quiere al esposo sobre lo que ocurrió en la infidelidad. No hace falta ciertos detalles gráficos (en qué posición tuvieron relaciones, etc.) pero sí merece saber lo que pasó para que no tenga que enfrentar sorpresas futuras. El esposo debe comprometerse a ser absolutamente honesto y contar toda la verdad. Sin la verdad, este matrimonio no saldrá adelante de una forma sana. Hay pastores que tienen mucha experiencia en este tipo de ayuda a parejas que han sufrido infidelidad, y suelen decir que la recuperación para la esposa va a durar aproximadamente tanto tiempo como duró el caso extraconyugal. A veces esto significa años. Cuando el esposo finalmente confiesa quiere que todo se resuelva pronto, que la esposa le perdone y que se termine toda esa novela. Por otro lado, la esposa recién se entera y necesita de mucho tiempo para ir digiriendo la enormidad de lo que le va tocar enfrentar: el dolor de la traición, los sentimientos de engaño, el desprecio y el rechazo, la ira, y finalmente el inicio del proceso del perdón. Además, a veces el esposo también estará asimilando la pérdida de la otra persona involucrada, ya que sin el término del caso amoroso no hay ninguna esperanza de que el matrimonio se sane.

La segunda dinámica tiene que ver con el desarrollo futuro del matrimonio. Muchos dicen que quisieran que volviera a ser como antes, pero fue el antiguo matrimonio el que tuvo problemas. Para que este matrimonio funcione bien hay que ir más allá de lo que se fue antes. Esto significa trabajar las dificultades anteriores, aprender nuevas formas de comunicación y de vincularse, y resolver los problemas que yacen en el fondo. Solamente así podrá restaurarse el matrimonio después del adulterio.

Homosexualismo: Muchas personas piensan que los cristianos no luchan con la homosexualidad. Nada puede estar más equivocado. Nuestras iglesias están llenas de personas que están luchando con su orientación sexual. En otros libros y artículos hemos tratado de este asunto con mayor detalle (Carvalho, E., 1996), pero basta decir que la orientación sexual se puede cambiar. Esto es también un proceso de sanidad y de restauración, pero las personas que trabajan en ministerios con homosexuales afirman que el pronóstico de recuperación para este tipo de personas es mayor que para los alcohólicos. Las personas no nacen homosexuales, pero hay muchos factores que contribuyen al desarrollo de la orientación homosexual: una falta de identificación con el progenitor del mismo sexo en la primera infancia, una historia de abuso sexual, el señalamiento y el uso de nombres feos por parte de los colegas durante el tiempo de escuela y colegio, y la falta de modelos apropiados para el desarrollo de su identidad de género. Las personas que están buscando ayuda en esa área deben acudir a los ministerios de Exodus Latinoamérica, que pueden ofrecer materiales y recursos para la restauración en esa área. Basta decir que los principios descritos arriba también son válidos para los que tienen una caída homosexual. Este pecado no es peor que el adulterio, pero la iglesia tiene mucho más discriminación hacia esas personas.

Abusadores sexuales de niños: Lastimosamente, esto también pasa en las iglesias, y conozco casos personalmente en los que he tenido que tratar las consecuencias en las -víctimas. En este caso, el manejo es un poco distinto porque estamos hablando de crimen. En los Estados Unidos, las personas del área de ayuda son obligadas por la ley a reportar casos de abuso de niños o niñas. No hay opción porque de lo contrario el pastor, psicólogo o consejero pierde su licencia para trabajar en su profesión. En América Latina, muchos países están empezando a dictar leyes en el sentido de proteger a la niñez, pero todavía falta mucho.

La verdad es que en estos casos tiene que haber denuncia. Son situaciones muy delicadas. Esas personas suelen ser muy hábiles en la manipulación y seducción (claro, ¡es así que logran sus víctimas!). Muchas no van a lograr dejar su conducta de abuso sexual de niños sin una ayuda seria y especializada. Algunos ni siquiera se dan cuenta de que eso es un problema. Son casos sumamente difíciles y delicados de tratar, y suelen necesitar ayuda profesional. Es importantísimo que el abusador sea retirado inmediatamente de las situaciones donde puedan estar expuestos los niños, ya sea en su hogar o en la iglesia. Como tiene un patrón de haber ido ganando la confianza de los niños durante mucho tiempo, lastimosamente es común tener que encarcelarles para la protección de los niños. El tratamiento es de largo plazo y debe ser desarrollado en conjunto con un profesional. Hay algunas situaciones donde la persona toma suficiente conciencia como para disponerse a someterse a un verdadero tratamiento, pero suele ser la excepción. Creo que es importante mencionar algunas consideraciones sobre el abusador:

• Se debe limitar la reincidencia del abuso limitando su acceso a las víctimas potenciales.
• Es necesario enfocar la responsabilidad sobre el abusador por la situación de violencia sexual.
• Debemos motivar al abusador para que descubra y aprenda sus patrones de desviación (estilo de vida, excusas, antecedentes, coadicciones, etc.) y ayudarle a lograr su control sobre esas cosas.
• Hay que exponer al abusador el daño que su desviación ha causado.

Por otro lado, romper la confidencialidad es esencial. No hay como guardar esto en secreto. Las vidas de demasiados niños están en juego. En los Estados Unidos, las personas que buscan psicólogos, terapeutas o profesionales del área de ayuda (incluso pastores que trabajan en psicología pastoral) tienen una hoja de derechos del cliente, donde explican cómo funcionan las cuestiones de la consejería. En esa hoja también explican en qué situaciones se va romper la confidencialidad: en caso de amenaza o sospecha de suicidio, homicidio o abuso de niños (físico, sexual o por negligencia). La persona, para poder recibir tratamiento, tiene que firmar la hoja de derechos (vea un modelo en el apéndice). Es muy útil esa hoja de derechos porque las "reglas del juego" se hacen explícitas desde el inicio del contrato de consejería.

La verdad es que los secretos de consejería no son como en el confesionario católico romano, que tiene por propósito el perdón de los pecados. En la consejería, además de tener cuidado de la persona que nos busca como ayuda, también debemos tener cuidado de las personas que pueden ser criminalmente perjudicadas por las acciones de nuestro cliente. Por esto debemos tener un instrumento para poder romper la confidencialidad.

Tengo un amigo que tiene varios clientes que fueron a la cárcel porque él los denunció (en los Estados Unidos) por abuso de niños. Ellos mismo lo confesaron a mi amigo pastor. Tiempo después, dos le escribieron para agradecerle por su acción, porque reconocían que, solos, ¡jamás hubieran podido cambiar su conducta de abuso hacia los niños! En la cárcel finalmente estaban empezando a recibir la ayuda que tanto necesitaban.

Por lo tanto, el mantener el secreto se hace peligroso porque:

• Impide una intervención que proteja a la víctima.
• Evita que el abusador asuma la responsabilidad por su conducta.
• No permite que el abusador reciba ayuda.
• Hay que recordar que un crimen ha sido cometido.
• Minimiza la posibilidad de recibir ayuda de distintas partes para todos los involucrados.
• Los abusadores difícilmente buscan ayuda por sí mismos.
• La amenaza de juicio es la única forma de obligar al abusador a recibir ayuda o de retirarlo de la comunidad para su protección.

Pornografía y adicciones sexuales: Este es otro problema del que se habla muy poco. Con el acceso a la Internet, la pornografía se ha hecho uno de los problemas más insidiosos para el liderazgo cristiano. Como es algo que se hace en privado y no suele haber testigos, las personas piensan que nadie lo va descubrir. Pero la pornografía va cambiando la personalidad de las personas porque las va envenenando con imágenes y palabras que terminan por destruir la inocencia y pureza de aquellos que se involucran en ella. Aun cuando abandonen esta adicción, muchas veces las imágenes les van a atormentar muchos años después. Esto es un desprecio a la creación de Dios y dejarlo es tan difícil, a veces, como lo es dejar cualquier adicción.

Otra situación que estamos enfrentando es la adicción sexual: personas que no pueden dejar de tener relaciones así como el alcohólico no puede dejar la bebida. Es más un lazo del enemigo para atrapar a las personas y dañar su capacidad para la intimidad. Los pasos de restauración que hemos descritos sirven para todas esas situaciones, pero los casos de adicciones exigen más cuidados para evitar los acontecimientos que pueden provocarlas. Muchas veces significa dejar ciertos ambientes, la computadora, compañeros y otras cosas que pueden disparar el deseo de tener sexo de alguna forma inapropiada. También los grupos de 12 pasos pueden ayudar a los que enfrentan adicciones sexuales (en algunos países hay grupos similares a Alcohólicos Anónimos que tratan las adicciones sexuales) porque esto pasa a ser una lucha diaria para vencer la tentación.

Espero que estas pautas puedan ayudar a la iglesia a lidiar con las caídas contra la moral de una forma firme, pero misericordiosa, y que podamos verdaderamente buscar la restauración de nuestros hermanos y hermanas. ¡Hay quien dice que la iglesia es el único ejército que mata a sus heridos! ¡Qué pronunciamiento más duro respecto a nosotros! Tenemos que trabajar en el área sexual de forma que esto no sea más la verdad con relación a nuestra iglesia.

Ejercicios para el crecimiento integral:

1. Haga su plan de acción: ¿Qué va cambiar usted en su vivir para proteger su vida sexual? ¿Qué cosas va a evitar? ¿Qué cuidados tendrá para evitar las tentaciones?
2. ¿Qué hará usted si alguien en su congregación tiene una caída moral? Desarrolle un plan de acción para su iglesia y para sí mismo.

Capítulo 6 - Depresión y sanidad

Uno de los males más comunes que vemos en las -consultas es la depresión, especialmente entre mujeres, pero no limitada a ellas. Aprovecharemos esta oportunidad para hacer algunas consideraciones sobre este tema.

Hay básicamente tres causas para la depresión: el duelo (sobre el cual hemos hablado más extensivamente en el Capítulo 1, cuando abarcamos el proceso de sanidad), la ira no liberada y la depresión clínica. Veamos lo que cada una representa.

1. Como escribimos anteriormente, la depresión como resultado del duelo es una depresión normal, natural y necesaria. Los duelos mal resueltos, es decir, cuando alguien "evita" sufrir la pérdida de otra persona o situación significativa, llevan a consecuencias secundarias que muchas veces exigen la intervención profesional. Si podemos "aguantar" el dolor de la pérdida, salimos mejor de la depresión, ya que el tiempo —en esa situación— está a nuestro favor.

2. La segunda forma de depresión es resultado de la "ira no liberada". ¿Qué significa esto? Muchas veces no expresamos nuestras iras o sentimientos de molestia de una forma apropiada, y los "tragamos". La ira invertida en contra de uno mismo conduce a la depresión. En nuestra cultura, como el estereotipo de la "buena mujer" es la mujer dulce, sumisa, "buenita", entonces las mujeres muchas veces no aprenden a expresar su ira y su enojo. O los hombres piensan que tienen que ser "duros" y no expresar lo que les pasa. Después de un tiempo de tragar los sentimientos, poco a poco se van deprimiendo.

   La solución para estos casos es aprender a expresar lo que se siente. Esto *no* es un permiso para decir lo que se nos ocurre. (Mi abuelita decía que quien dice lo que quiere, oye lo que no quiere.) Suelo decir que muchas veces las personas pierden la razón por la *forma* en que se dicen las cosas. Lo que quieren decir es cierto, pero la manera es equivocada. Hay que aprender a decir la verdad con amor.

Quizás cuando uno está aprendiendo a expresarse va equivocarse algunas veces hasta que se lo aprenda bien, pero es importante liberar nuestra ira. Es normal que las personas vayan de un extremo al otro —no hablar nada para después decirlo todo— pero, poco a poco, van aprendiendo y afinando su aprendizaje. En más de una ocasión, es en el término medio donde se encuentra la sanidad.

En la medida que la persona va aprendiendo a decir las cosas que necesita decir, la depresión empieza a mejorar. A veces animo al paciente a que exprese sus iras de una forma privada donde no pueda hacer daño a otros (o a sí mismo). Puede escribir cartas airadas y quemarlas, golpear la cama con las almohadas, u otro ejercicio físico que le ayude a liberar la energía que tenemos cuando estamos enojados. (Una paciente me contó que había comprado un escritorio que tenía que ser muy bien limpiado porque la madera estaba muy manchada. Aguardó hasta el día en que estuvo muy airada y "atacó" al escritorio con ganas. Cuando terminó, ¡estaba como nuevo!)

A veces las personas no saben realmente lo que les está molestando. Han pasado tantos años "tragándose las iras" que no saben qué es o donde está la molestia. Es parte del trabajo de consejería y sanidad ayudarles a encontrar la raíz que produce las iras para poder librarse de ellas. Es importante apuntar aquí que este tipo de depresión no pasa con el tiempo. Es una "astilla en el corazón" y tiene que ser tratada. El tiempo empeora la situación en vez de mejorarla.

3. La tercera forma de depresión es más seria. Suele necesitar ser tratada por un profesional. Se trata de la depresión clínica. Es común que esa depresión tenga un componente genético y la persona no logre producir los "químicos neurológicos" necesarios para mantener un humor estable. En estos casos vemos personas que han estado deprimidas durante años, sin causa aparente, y nada "parece funcionar". No es lo que vemos más comúnmente, pero debemos estar conscientes de que este tipo de depresión exige un tratamiento profesional.

Quizás es un buen momento para hablar de la medicación. Hay varias situaciones de depresión, ya sean a consecuencia de las iras no liberadas o por su expresión clínica, donde la medicación puede ser de gran ayuda. Muchos cristianos tienen rechazo a las medicinas psiquiátricas —a veces con cierta razón— pero la nueva generación de medicinas ha sido de mucha ayuda para determinados casos.

Veo estos remedios como un "yeso" emocional. Cuando nos rompemos la pierna, nos toca ir al médico y ponernos un yeso para afirmarla mientras el hueso se sana. Una vez que el hueso está recuperado, entonces quitamos el yeso y la persona vuelve a ejercitar sus músculos y a caminar normalmente. Así también pasa con el corazón. Hay personas que no logran soportar el dolor emocional de enfrentar tantas astillas a la vez o astillas tan profundas. En esas situaciones, la medicina puede servir de "yeso": se toma por un tiempo mientras vamos trabajando las dificultades en consejería o psicoterapia, y cuando la persona esté mejor, se puede ir quitando la medicina poco a poco. (La medicación tiene que ser hecha por un médico psiquiátrico.) Ya con el corazón más fortalecido, la persona puede seguir su proceso de recuperación sin los remedios.

Uno de los problemas que enfrentamos es una enorme escasez de psiquiatras cristianos. La tendencia en el modelo médico psiquiátrico es la de utilizar una sobredosis de los remedios para que el paciente "no sienta" y no sufra. Pero como han visto, es imposible sanarse sin dolor. Suelo decir a mis pacientes que yo trabajo sin "anestesia emocional" porque necesito saber dónde duele para que no se me vaya la mano. Sacar la astilla duele, pero duele por una última vez. Los remedios son útiles para que la persona no tenga que sentirse completamente abrumada por lo que hay que enfrentar, pero también necesita sentir para sanarse.

Por otro lado, las personas que realmente tienen una depresión clínica pueden recibir mucha ayuda de los remedios. Algunas personas van a necesitar tomar el remedio toda la vida, así como hay personas que necesitan de la insulina toda la vida. El cuerpo no produce un elemento esencial para su bienestar y hay que suplir la falta con los remedios. Menos mal que hoy en día hay remedios que sí pueden ayudar a las personas.

Una de las herramientas que ha surgido en los Estados Unidos en los últimos tiempo se llama EMDR (Eye Movement Desensitization and Reprocessing) [Desensibilización y -Reprocesamiento a través de los Movimientos Oculares]. Se trata de ayudar a la persona a recordar algún incidente traumático o doloroso mientras se le aplica la estimulación bilateral cular, táctil o auditiva. De alguna forma, esto ayuda a dar el "arranque" al cerebro para que pueda procesar recuerdos del pasado que se quedaron "atrapados" en la red neurológica. Se ha comprobado que es muy eficaz y de resultados muy rápidos. Mientras antes se tardaban años para tratar determinados casos, ahora se tiene progresos muy significativos en semanas y meses. Es un tratamiento que tiene que ser desarrollado por un profesional debidamente capacitado por el Instituto de EMDR de los Estados Unidos, pero ya hay muchos clínicos en EMDR en América Latina. (Vea el sitio web: www.emdr.com para obtener la lista de profesionales según el país en que se encuentran.)

El EMDR ha podido ayudar a muchas personas con depresión y especialmente a aquellas con estrés postraumático, el cual es resultado de vivencias traumáticas como abuso sexual, violaciones, accidentes automovilísticos, vivencias de guerra, violencia urbana y familiar, que muchas veces son la causa de la depresión de muchas personas (vea el apéndice para una hoja explicativa). Las personas que tienen depresión deben buscar ayuda porque para este mal sí hay solución.

Ejercicios para el crecimiento integral:
Si usted padece de depresión, intente ubicar cuál de los tres tipos de depresión arriba descritos le identifica mejor.
Si usted tiene "iras no liberadas" intente identificar cuál es la causa de sus iras. Si es debido a alguien, escriba una carta a dicha persona —la cual *no* va a mandar— diciéndole todo lo que siente. Queme después la carta.

Intente practicar, quizás delante de un espejo, nuevas formas de responder a las situaciones que le causan ira y enojo para que pueda desarrollar mejores reacciones. Puede hacerlo también a través de dramatizaciones, donde varias personas representan diferentes papeles y alguien puede observar para dar una evaluación sobre cómo se desenvuelve en su nueva postura.

Apéndices

Más Información Sobre EMDR

Eye Movement Desensitization and Reprocessing
[Desensibilización y Reprocesamiento a través
de Movimientos Oculares]

"EMDR es la nueva terapia especialmente útil para la transformación de los recuerdos traumáticos. De forma revolucionaria ayuda a liberar la mente, el cuerpo y a abrir el corazón. Es una forma de mirar a la conducta - disfuncional, cuando se cree que su origen está en incidentes traumáticos del pasado. Cuando estos son identificados de forma sabia y hábil pueden ser procesados e integrados, lo que resulta en conductas funcionales y apropiadas". (Parnell, 19971)

Historia

En 1987, la Dra. Francine Shapiro, estudiante de posgrado en Psicología, estaba caminando por un parque en la ciudad de Los Gatos, California. Los pensamientos perturbadores que la habían molestado empezaron a desaparecer. Cuando volvió a pensar en ellos, se dio cuenta que ya no la molestaban como antes. Ella fue percibiendo que cuando un pensamiento perturbador le venía a la mente, sus ojos comenzaban a moverse rápidamente. Parecía que los movimientos oculares lograban que el pensamiento saliera de su mente consciente. Cuando volvía a pensar en esto, ya había perdido mucho de su carga negativa. Entonces comenzó a experimentar deliberadamente, pensando sobre cosas en su pasado y presente que la habían molestado mientras movía los ojos. La perturbación cesaba todas las veces. Quiso saber si esto funcionaría para otras personas por lo que hizo experimentos con sus amigos. Les pedía que siguiesen el movimiento de sus dedos como una forma de ayudarles a sostener los movimientos oculares mientras pensaban en hechos perturbadores. Después de experimentar con más de setenta personas, ella confirmó que el proceso había desensibilizado los pensamientos perturbadores. Perfeccionó el proceso y le llamó EMD, *Eye Movement Desensitization*, y en 1990, expandió el concepto hacia EMDR, *Eye Movement Desensitization and Reprocessing*

[Desensibilización y Reprocesamiento a través de los Movimientos Oculares], para incluir así el procesamiento. Estaba convencida de que los movimientos oculares podrían procesar recuerdos traumáticos, liberando a la persona para que pudiese tener conductas más adaptativas y funcionales (Parnell, 1997:39).

En 1988, la Dra. Shapiro experimentó su nuevo método con veintidós voluntarios que eran veteranos de la guerra de Vietnam o víctimas de violación o abuso sexual, los cuales poseían los síntomas del síndrome de estrés postraumático. La mitad del grupo recibió una sesión de EMDR, mientras que a otro grupo (grupo control) apenas se le pedía que describiera su trauma en detalles. El grupo de EMDR demostró mejorías significativas; el grupo control, no. Por cuestiones éticas, se llevó a cabo una sesión de EMDR con el grupo control también. Al investigar al mes y posteriormente a los tres meses después del tratamiento, todos habían mantenido los resultados positivos de su sesión de EMDR (Parnell, 1997:40).

¿Cómo funciona el procesamiento del EMDR?

Hay varias teorías que explican cómo funciona el EMDR. Dado que el EMDR no es "solamente movimientos oculares", exige un profesional clínico debidamente capacitado y certificado por el *Instituto de EMDR* para su implementación. El EMDR es un tratamiento complejo que exige que se tenga en cuenta la historia del paciente, una evaluación apropiada, el desarrollo de una relación terapeuta/cliente empática y la preparación para el EMDR. Los movimientos son hechos en conjunto con la psicoterapia para ayudar al cliente a integrar los traumas "metabolizados".

La teoría más prominente para explicar el éxito del EMDR tiene que ver con los movimientos oculares durante el sueño REM (*Rapid Eye Movement*) [Movimientos Rápidos Oculares]. Parece que todos estamos procesando las experiencias del día durante las etapas de sueño REM. En situaciones normales, es como si el cerebro "revisara" las experiencias del día, las procesara y las archivara en su enorme banco de datos cerebrales. Sin embargo, cuando tenemos alguna experiencia traumática, parece que el cerebro no logra procesar el evento, y el incidente se queda en nuestro cerebro como un tipo de "nudo neurológico". Se piensa que algunas de las pesadillas son intentos fracasados del cerebro al pretender procesar los recuerdos traumáticos. Cuando pedimos al cliente que recuerde algún hecho, situación o sensación traumática, y le ayudamos a mover los ojos de determinada manera, parece que el cerebro recibe la ayuda que necesita para poder procesar el hecho y archivarlo. Se pierde la carga negativa asociada al hecho, y muchas veces se recuperan los recuerdos positivos vinculados a él que antes no se podía percibir. Muchas personas tienen la sensación de que el recuerdo ahora ya es parte del pasado, y que ya no molesta cuando se acuerdan de lo mismo. Una cliente una vez dijo con relación al procesamiento de un recuerdo de abuso sexual: "Duele, pero ya no hiere".

Hace poco, la Dra. Shapiro dijo que fue un error haber nombrado a la técnica "Movimientos Oculares" ya que se han descubierto otras formas de estimulación bilateral que funcionan bien, tales como la estimulación auditiva o táctil. Para algunos clientes, esas formas han sido más beneficiosas porque no logran mover los ojos en el ritmo apropiado mientras piensan en el recuerdo.

El procesamiento acelerado de información

Esa teoría fue desarrollada por la Dra. Shapiro para explicar los efectos rápidos del tratamiento que ella observó con los clientes. Parece que cuando una persona tiene una experiencia traumática del tipo "t" pequeño ("la profesora me humilló delante de los alumnos y nunca más pude hablar en público") o "T" grande (escenas de muerte, guerras, accidentes automovilísticos o violencia urbana), este recuerdo se queda atrapado en su propia red neurológica exactamente como ocurrió —las imágenes, gustos, olores, sonidos y las creencias— como si estuviesen congelados en el tiempo dentro del cuerpo y la mente. El cerebro tiene un sistema de procesamiento de información que nos mantiene equilibrados, pero con un trauma, el sistema se bloquea y causa una serie de síntomas típicos del estrés postraumático (Parnell, 1997:54,55).

Para comenzar el procedimiento, el terapeuta pide que el cliente traiga a la sesión algún recuerdo o pesadilla, una imagen real o imaginaria, una sensación corporal o un pensamiento. Al comenzar los movimientos EMDR, se estimula la red donde se quedó atrapado el recuerdo, de forma que se proporciona el arranque necesario para el mecanismo que restaura la capacidad procesadora del sistema. Esto permite que se pueda buscar información en otras redes neurológicas donde el cliente puede encontrar lo que necesita para comprender lo qué pasó. Las dos redes —donde está archivado el trauma y donde están las informaciones útiles para la comprensión— trabajan juntas en un tipo de asociación libre que se llama *"procesamiento acelerado de información"*.

Cada serie de movimientos sigue desbloqueando la información perturbadora y la acelera por el camino adaptativo hasta que los pensamientos, sentimientos, imágenes y emociones hayan sido disipados y sean espontáneamente reemplazados por una actitud positiva (Parnell, 1997:55).

Información para el cliente

Es importante que el cliente sepa que el EMDR no se trata de hipnosis y que uno puede interrumpir los movimientos en cualquier momento que lo necesite. La Dra. Shapiro dice: "Cuando la información es positivamente integrada y resuelta de forma adaptativa, estará disponible para su uso en el futuro. El EMDR no saca nada que el cliente necesite y no le da amnesia tampoco" (Parnell, 1997:72).

Una de las cosas especialmente útiles para el cristiano cuando se trata con EMDR es que se disipan las mentiras en que el paciente ha creído. Al buscar la "creencia negativa" que suele "pegarse" a la vivencia traumática podemos identificar la mentira y reemplazarla con la verdad, una creencia positiva.

Un principio básico de la terapia EMDR es que la salud básica existe dentro de todos nosotros; lo que hace el EMDR es remover los bloqueos causados por imágenes, creencias y sensaciones corporales negativas y permitir que el estado natural (de sanidad) de la persona emerja (Parnell, 1997:72). En una comunicación pública, la Dra. Shapiro dijo: "¿Si el cuerpo humano tiene la capacidad de sanarse de las heridas físicas con relativa rapidez, por qué no la mente?" El EMDR es una forma de ayudar a la mente a recuperarse.

El terapeuta que aplica el EMDR debe ser certificado a través del *Instituto de EMDR*, habiendo completado los Niveles I y II, con una posterior supervisión. Además, el profesional clínico debidamente entrenado es alguien que sabe manejar situaciones de catarsis fuerte, ya que muchos de los recuerdos que se trabajan tienen que ver con situaciones de mucho dolor emocional y, a veces, dolor físico. Personas con condiciones físicas/emocionales delicadas (problemas de presión alta, corazón, historia de alcoholismo/drogadicción, intentos de suicidio, embarazo, etc.) deben comunicar esto al clínico para que se puedan llevar a cabo los debidos cuidados.

Es posible que posteriormente a la sesión de EMDR el procesamiento continúe. La persona debe anotar lo que le pasa, sus sentimientos, emociones y recuerdos en un cuaderno privado para que le pueda servir de base de trabajo para la próxima sesión. Si algo extremo le ocurre, debe contactar a su terapeuta inmediatamente.

Elementos de Un Plan de Sanidad y Restauración

(En caso de fracaso moral u otras situaciones donde se necesite restauración)
Por Steven G. Edlin, MA, LCPC, MFT

Explicación del proceso de restauración

Las buenas noticias del Evangelio son que la restauración es posible. El pecado y la caída no son la respuesta final en la vida. En Gálatas 6:1 se nos dice que aquellos que caen deben ser restaurados en espíritu de mansedumbre y humildad. Sin embargo, si queremos tener éxito al ayudar a alguien que ha caído, necesitamos ser claros sobre lo que significa la restauración.

La restauración es más que enfocarse en el pecado o fracaso que tuvo lugar e intentar asegurarse de que no suceda nuevamente. Esto es útil, pero el pecado siempre es el resultado de una debilidad en nuestra vida. La restauración significa ir más profundo que simplemente eliminar el pecado y comprender cuáles áreas de debilidad o inmadurez en la vida de una persona les permitieron ser "sorprendidos" (como dice en la Reina Valera) en pecado y busca traer sanidad y crecimiento en esas áreas. Este tipo de restauración no sólo trata con el pecado cometido sino debido al hecho de que se efectúa un crecimiento real en la persona, también ayuda a sanar a muchas otras áreas de vulnerabilidad en potencial.

La restauración no sólo significa restaurar a la persona a la posición en la estuvo antes del acto de pecado, sino también restaurar lo que estaba roto y que permitió que el pecado se llevara a cabo. Por ejemplo, cuando un pescador descubre que está perdiendo sus peces porque hay un hoyo en la red, necesita "restaurar" la red, no sólo se trata de poner el pez donde estuvo antes de que se escapara sino de restaurar la red para que esté íntegra. En la vida, el pecado nos dice que algo está mal y necesita ser restaurado. La restauración significa traer esta integridad.

La restauración tampoco trata sólo sobre arrepentimiento y perdón, aunque ambos son necesarios si queremos que la restauración sea efectiva. Si una persona no se ha arrepentido, el proceso de restauración no funcionará. Sin embargo, cuando una persona se ha arrepentido, esto significa que se encuentra en el primer paso de la restauración. De manera similar, cuando una persona es perdonada, recién se encuentran en la etapa inicial de la restauración. El perdón de Dios es incondicional y es otorgado inmediatamente y, como cristianos, perdonamos así como Dios nos perdona. El perdón provee el ambiente de gracia en el cual la restauración prospera de mejor manera.

Tampoco significa que no hemos perdonado a una persona cuando le pedimos que pase por un proceso de restauración. Es común que la persona que ha pecado sienta una tremenda vergüenza por lo que hizo. Es muy doloroso ver a una persona pasar por eso. Una vez que la confesión y el arrepentimiento se ha efectuado, existe a menudo un deseo de moverse rápidamente más allá de la experiencia dolorosa. Hay una renovada dedicación de seguir a Dios, ser fiel en el ministerio, y un sentimiento de que se necesita rápidamente volver a servir a Dios para dejar toda esta experiencia atrás. En este punto, pedir a una persona que pase por un período de restauración puede parecer algunas veces para aquellos que necesitan la restauración como un tipo de castigo. Puede sentirse como si de alguna manera ellos tuvieran que pasar por un prolongado período de humillación para pagar por sus pecados. Esta no es la razón por la cual se estructura un proceso de restauración, pero, sí, es un proceso doloroso.

A pesar del dolor, el pasar por este proceso es lo más amoroso que podemos hacer por alguien que ha caído. Este dolor no es un castigo, sino una consecuencia del pecado. Lo bueno de esto es que puede tener un buen final. Las Escrituras son claras con respecto a que un fracaso puede conducirnos a un nivel más profundo de relación con Dios. Él frecuentemente utiliza esto para traer la sanidad que necesitamos en nuestras vidas. Todos somos pecadores necesitados de gracia y el proceso de restauración es uno de los caminos a través de los cuales llegamos a comprender la gracia de Dios y la gracia de su pueblo en una forma profunda y perdurable. El proceso de restauración no cuestiona el deseo renovado de una persona de ser fiel a Dios. Sin embargo, sin la restauración, es difícil que una persona viva un compromiso renovado para servir a Dios y sin él puede quedar vulnerable para caer nuevamente.

Finalmente, se requiere gente consagrada, madura, que esté consciente de su propia debilidad, para restaurar a un hermano o hermana en Cristo. Las personas que están en el proceso de restauración necesitan ayuda para ver sus áreas de debilidad, y la guía para dar pasos que sanen esa debilidad. Necesitan que se les hable la palabra de Dios, y el aliento y estímulo para involucrarse en un cuerpo de creyentes en crecimiento. También necesitan estar bajo la responsabilidad de otros para que les ayuden a continuar a través del proceso, especialmente durante los momentos en los que es más doloroso o difícil.

La meta de un período de restauración es capacitar a una persona para sanar y crecer en áreas de debilidad o inmadurez que le conducen a pecar y fallar. Esto involucra tres pasos importantes: primero, identificar las áreas de debilidad que le conducen a pecar; segundo, dar pasos para restaurar aquellas áreas de debilidad; y tercero, probar los beneficios logrados a fin de demostrar que la restauración ha sido exitosa. Estas metas necesitan ser claramente definidas al principio del proceso y refinadas conforme sea necesario. Esto asegurará que todos los involucrados sepan cuándo se ha completado el proceso y cuándo estará lista la persona para regresar al ministerio.

Lo que sigue es un bosquejo de los elementos básicos del proceso de restauración que intenta dar seguimiento e incorporar estos principios.

Elementos Básicos Para El Proceso de Restauración

1. Supervisión por parte de un comité de rendición de cuentas

Este es el elemento más crítico en un proceso de restauración. Es la gente a la que la persona se someterá para ser guiada en el proceso de restauración. Esas son las personas de quien se dice "ustedes que son espirituales" en Gálatas 6:1, a quienes Dios les da la responsabilidad para restaurar a la persona que ha caído. En términos ideales, sería un grupo de tres o cuatro personas comprometidas a ayudar en la restauración y quienes tomarían la responsabilidad durante todo el período de restauración. Deben ser sabias, personas consagradas que tengan la suficiente madurez para comprender todos los detalles del problema, que conduzcan a la restauración, en quienes se pueda confiar para actuar en formas restauradoras y en términos de castigo, y que sean capaces de mantener la confidencialidad.

La persona que atraviesa un proceso de restauración necesita estar de acuerdo en someter las decisiones más importantes de su vida (la rapidez y progreso de la restauración, cualquier cambio en el plan de restauración, cambios en el empleo, dónde vivir, si debe aprovechar alguna oportunidad para el ministerio, etc.) a este comité. Deben estar de acuerdo en permanecer bajo la supervisión de este grupo para recibir orientación durante el proceso de sanidad y restauración.

Algunas personas que se podrían considerar para formar parte de este comité serían: un pastor de la iglesia local o de la iglesia que está enviando a la persona, un miembro del comité de misiones, un mentor, un líder de grupo de estudio bíblico, un consejero o terapeuta, o un miembro maduro de la iglesia donde se originó el problema. Pueden ser hombres o mujeres dependiendo de lo que resulte más apropiado.

A una persona de este grupo se le debe pedir que coordine al grupo, siendo un contacto para el grupo, llamándolo para reunirse y dirigiendo la agenda de las reuniones. El grupo se reunirá mensualmente con la persona en restauración para escuchar informes de su progreso, discutir cualquier cambio en el plan de restauración, ayudar con las decisiones conforme sea necesario y orar juntos.

La responsabilidad inicial del comité de supervisión es *acordar metas claras* para el proceso de restauración en las cinco áreas que se mencionan a continuación.

    a. **Identificar las áreas de debilidad** que les hacen vulnerables al fracaso. Esto debe ser un enfoque específico de la consejería. Algunos ejemplos pueden ser una tendencia a trabajar demasiado, escasos límites en las relaciones, autoestima basada en el desempeño personal, formas inapropiadas de tratar con la ira, etc.

    b. **Manejar las áreas de debilidad y hacer cambios.** ¿Qué se está haciendo específicamente para manejar cada área de debilidad identificada? Esto puede trabajarse con el consejero o mentor, pero debe ser establecido claramente.

    c. **Aplicar los cambios paulatinamente** para asegurarse de que serán permanentes. ¿En qué oportunidad tendrán que aplicar los cambios que están haciendo en las diferentes situaciones?

    d. **Sanar de los efectos del fracaso.** Esto tiene que ver con algunos aspectos de culpa y vergüenza, de recibir gracia y de aceptarse a sí mismos como personas caídas, pero al mismo tiempo valiosas, para quienes Dios tiene un buen plan.

    e. **Fortalecer su vida espiritual.** Necesitan desarrollar o reconstruir las disciplinas espirituales del tiempo de devoción, estudio de la Palabra, oración y adoración. El fracaso que requiere restauración siempre daña la relación con Dios. Esta relación necesita ser reconstruida y fortalecida, y esto es clave para el éxito del proceso de restauración.

2. *Consejería y mentor profesional*

Esto debe incluir tanto consejería de grupo como individual. Es recomendable que se reúnan al menos una vez a la semana para consejería. En la mayoría de los casos la consejería o terapia de grupo debe tener mayor prioridad, porque trata más directamente con asuntos de vergüenza y rechazo que a menudo son asuntos significativos que necesitan ser manejados. Los propósitos de la consejería son identificar, ganar madurez y trabajar en las áreas de debilidad que les hicieron vulnerables al fracaso. ¿Cuáles son las áreas inmaduras de sus vidas que les dispusieron a violar los valores de la moral y espirituales de las comunidades a las que pertenecen (por ejemplo, su iglesia, equipo, misión, etc.) y pusieron en peligro su ministerio? ¿Qué necesita cambiar en estas áreas? ¿Cómo sabrán cuándo los cambios han sido alcanzados y que serán duraderos? ¿Qué les ayudará a mantener estos cambios en constante crecimiento? Todas estas preguntas necesitan formularse como parte de la consejería. En la mayoría de los casos los consejeros necesitan ser expertos para trabajar con los asuntos específicos que condujeron a estas personas al fracaso.

3. *Relación(es) de compañerismo de rendición de cuentas*

Esta persona (o personas) debe saber los detalles de lo que ocurrió de tal forma que puedan hablar abiertamente sobre el proceso de restauración y el progreso que se está logrando. Esta persona también les mantendrá en supervisión para desarrollar sus disciplinas espirituales. Se deberán reunir al menos una vez a la semana con esta persona.

4. *Estar involucrado y bajo la responsabilidad de una iglesia local*

Durante el tiempo de sanidad y restauración se espera que la persona esté involucrada en la iglesia que le envía o en su iglesia local. En algunos casos donde la iglesia considere que no tiene los recursos necesarios para llevar a cabo el proceso de restauración, le puede pedir a otra iglesia que lleve a cabo este ministerio.

5. *Estar involucrado y bajo la responsabilidad de un pequeño grupo de estudio bíblico*

Este puede ser un grupo en el que crezcan junto con otros creyentes y puedan hallar compañerismo y apoyo como cristianos. No deben estar en puesto de liderazgo, sino ser simplemente miembros del grupo.

6. *Descontinuación temporal del involucramiento en el ministerio*

Ellos deben estar dispuestos a suspender cualquier liderazgo ministerial durante al menos el primer año del proceso de restauración. En muchos casos esto incluye cualquier tipo de involucramiento en el ministerio, con la excepción de ministerios prácticos u orientados al servicio como podar el césped, servir alimentos, ayudar con tareas clericales, etc. Esto es importante porque el ministerio puede muy fácilmente eliminar el objetivo principal de la restauración, así como dar un sentido falso de crecimiento espiritual. Una persona puede ser muy buena en el ministerio de grupo o personal, como por ejemplo en predicar, aconsejar, discipular o evangelizar y aún necesitar restauración en otras áreas de inmadurez.

7. *Marco de tiempo mínimo*

La palabra griega para restauración conlleva la idea de fijar un hueso que ha sido fracturado o de remendar una red. Toma tiempo remendar o sanar lo que fue roto o reparar lo que hacía falta. Toma tiempo comprender lo que condujo al fracaso, sanar el daño, crecer en áreas de inmadurez y demostrar la duración de esos cambios de crecimiento.

En la mayoría de los casos es una cantidad mínima de tiempo lo requerido, pero algunas veces puede variar, porque la extensión del tiempo dependerá de la severidad de la ruptura, de la naturaleza del fracaso. En la mayoría de los casos el tiempo puede parecer mucho a la persona que está siendo restaurada, y como se mencionó anteriormente, habrá una presión tremenda para acortar el proceso. Sin embargo, así como puede tener serias consecuencias el caminar con premura estando lesionado, también existen consecuencias negativas cuando el proceso de restauración se da por terminado demasiado pronto.

Por lo tanto, aquellos que están aplicando la restauración son los que tienen que tomar la decisión sobre el momento en que la misma tiene que darse por concluida, y *no* la persona que está siendo restaurada. Además, la duración no es el factor que determina que la restauración ha sido completada, más bien es una pauta que reconoce el tiempo necesario para lograr las metas de la restauración. Esta no debe ser excesivamente prolongada sino que debe haber un claro consenso para cuando la persona haya sido totalmente restaurada.

8. *Criterios para evaluar el progreso y decidir cuándo ha sido completada la restauración*

El *comité de rendición de cuentas* decidirá el momento en el que la restauración ha sido lograda, basando su decisión en la evidencia visible de cambio. Esta evidencia la obtendrán a partir de sus reuniones mensuales con la persona en restauración así como de la retroalimentación que ellos soliciten de aquellos que están trabajando de forma cercana con la persona, como por ejemplo el pastor, el consejero, el líder de estudio bíblico, el mentor y otros con los que tienen relación. Esto puede incluir invitar a estas personas para que acudan a una de sus reuniones o también obtener retroalimentación por escrito o telefónicamente.

Estarán buscando ejemplos específicos de crecimiento, de cambio, y una perspectiva general de cómo marcha la persona en cada una de sus metas y en su proceso, así como también cuán diligente es la persona en cambiar, la calidad de los cambios logrados, y alguna evidencia que demuestre la aplicación consistente de aquellos cambios paulatinos. El objetivo final es que, como en un rompecabezas, mientras se van uniendo las piezas, cada persona, incluyendo a la persona en restauración, vea emergiendo una imagen de sanidad.

A continuación hay algunas cosas específicas que hay que considerar y escuchar:

a) ¿Se están cumpliendo las metas en las áreas a-e listadas en el punto 1?
b) ¿Se están sujetando a todas las partes del proceso de sanidad y restauración descritas en los puntos del 1 al 7?
c) ¿Están permaneciendo en el proceso aun cuando la situación se torna difícil y/o cuando las cosas van aumentando?
d) ¿Continúan asumiendo la responsabilidad por sus acciones en el fracaso como evidencia de remordimiento, arrepentimiento, restitución y vergüenza saludables?

- e) ¿Han trabajado su ira o resistencia al proceso incluyendo la extensión de tiempo involucrada en la restauración al ministerio?
- f) ¿Existe evidencia específica de cambio en las siguientes áreas?
1) Cambios positivos de estilo de vida. ¿Cómo ha cambiado su vida? Por ejemplo alguien que tendía a trabajar excesivamente deberá recortar su tiempo de trabajo y tomar algún tiempo para descansar y relajarse.
2) Cambios relacionales positivos. ¿Están dispuestos a desarrollar y mantener relaciones saludables con sus contemporáneos y miembros del sexo opuesto?
3) Reconstrucción de su relación con Dios. ¿La han desarrollado? ¿Hay intimidad?
4) Reconstrucción de sus relaciones familiares (cónyuge, hijos, etc.) ¿Han trabajado esto?

Ayuda Práctica para las Necesidades

Ayuda para encontrar empleo: Enseñar a elaborar un currículo ayuda en conseguir un empleo. Deben rendir cuentas mientras buscan. Esta es un área importante, porque una de las consecuencias de un fracaso que requiere restauración es que las personas pueden no ser capaces de trabajar en su área de entrenamiento y sin embargo necesitan sostenerse ellos mismos y a sus familias financieramente.

Alojamiento económico y ayuda para amueblar: Un misionero que regresa del extranjero tendrá pocos o ningún recurso para establecer su hogar.

Un coche: Un misionero no tendrá coche en la mayoría de los casos y puede que no haya necesitado uno en su asignación. La cultura norteamericana en la mayoría de los casos requiere de un auto para trabajar y en algunos casos de dos autos si ambos cónyuges trabajan.

Escuela para los hijos, si los hay, y atención para sus necesidades emocionales y espirituales al tratar de poner en orden los cambios repentinos en su vida familiar.

Si es aplicable, se deben atender las necesidades emocionales y espirituales del cónyuge y de los hijos, los cuales estarán sintiéndose heridos, sufriendo las pérdidas y atravesando la vergüenza en un nivel profundo con pocos espacios donde pueden procesar sus sentimientos. Mientras que un miembro de la familia puede haber sido responsable por el fracaso y otros miembros de la familia no tienen nada que ver con ello, todos sufrirán. Por lo tanto, la restauración necesita incluir a la familia entera. El cónyuge y los hijos pueden requerir de consejería también. Las decisiones sobre cuándo considerar completa la restauración necesitan tomar en cuenta el progreso de los miembros de la familia así como del individuo responsable por el fracaso.

Notas

Capítulo 1
Brenson, G (1985) *Trauma Psicosocial.* Quito: Eirene.
Bustos, D. (1979) *O Teste Sociométrico.* São Paulo: Editora Brasiliense.
Carvalho, E. (2001) *Cuando se rompe el vínculo.* Buenos Aires: Ediciones Kairos.
Carvalho, E. (1993) *Cuaderno de Oración.* Little Elm, TX: Plaza del Encuentro.
Dallas, J. (1995) Comunicación personal. San Diego, USA.
Rogers, Sy (1994) Comunicación personal. Quito, Ecuador.
Shapiro, F. (1995) *Eye Movement Desensitization and Reprocessing: Basic Principles, Protocols, and Procedures.* Nueva York: The Guildford Press. Para una lista de los terapeutas habilitados, ver www.emdr.com

Capítulo 2
Ayres, Ila (1992) Comunicación personal. Brasilia, DF, Brasil.

Capítulo 3
Almeida, A (1993) *Perdiendo para ganar.* Rio de Janeiro: Editora Koinonia.

Capítulo 4
Campaña E., Muñoz M., Proaño, C. (2000) *Manual de Educación Sexual y Salud Reproductiva.* Quito, Ecuador: CLAI; páginas 9-10.
(1) Agradecemos al hermano Sy Rogers la bondad de colaborar con algunas ideas que él ha compartido públicamente en sus charlas.

Capítulo 5
Carvalho, E. (1996) *¿Pueden Cambiar los Homosexuales?* Misión, Buenos Aires, Julio/1996.
Carvalho, E. (2004) *Homosexualismo: Acercamientos Cristianos,* Ediciones Certeza, publicación pendiente.
Edlin, S. TEAM, Director de cuidados pastorales y consejería. Su artículo entero se encuentra en el apéndice de este libro, con su autorización. Agradecemos a Steve Edwin el hecho de poder

compartir en este capítulo sus propuestas sobre la restauración sexual.
Exodus Latinoamérica Apartado. Postal No. 4-25, Cuernavaca, Mor. 62451, México. Tel/Fax: (52-777)317-84-24 o www.exoduslatinoamerica.org; info@exoduslatinoamerica.org

Apéndice
Parnell, L. (1997) *Transforming Trauma: EMDR*. New York: WW Norton & Co.

Sobre la Autora

La Dra. Esly Regina Carvalho es psicóloga clínica, brasileña, casada, con una hija joven. Ha hecho su formación en Brasil y en los Estados Unidos, donde estudió de niña. Es doctora en psicología y entrenadora de Psicodrama. Además, es Entrenadora (Trainer) de Entrenadores de EMDR por el EMR Institute y EMDR Iberoamérica. Vivió durante muchos años en Quito, Ecuador, donde mantuvo un centro de capacitación y psicoterapia, la Plaza del Encuentro. Actualmente está radicada en Brasilia, Brasil, donde dirige la TraumaClinic, clínica especializada en el tratamiento de trauma, ansiedad y depresión.

La Plaza del Encuentro es el brazo ministerial de su trabajo, donde se ofrece ofrece capacitación en Consejería Cristiana, Bibliodrama, Play of Life, y otros temas de relevancia para la sanidad y recuperación.

Es autora de varios libros: Cuando se rompe el vínculo, por Ediciones Kairós (Argentina), donde comparte su peregrinaje después de un divorcio; Familia en Crisis, un libro sobre las crisis de la familia y los "secretos bien guardados", tales como el abuso sexual, las adicciones, la homosexualidad y la violencia familiar. También tiene libros publicados sobre sus caso con Terapia EMDR: Sanando la Pandilla que Vive Adentro y Sane su Cerebro, Sane su Cuerpo. Además, ha escrito muchos artículos para revistas y mantiene un programa de radio, la Plaza del Encuentro. Está desarrollando cursos online para mejor servir su público en América Latina.

Si usted desea contactar a la autora, escriba para:

Dra. Esly Regina Carvalho
Plaza del Encuentro
SEPS 705/905, Bloco A
Ed. Santa Cruz, sala 441
Brasília – DF, 70.390-055
Brasil
Correo electrónico: info@plazadelencuentro.com
www.plazadelencuentro.com

Mas Libros de la Plaza del Encuentro

Libros en Kindle/libro electrónico también disponibles en el sitio
www.amazon.com

Ofrecemos descuento por cantidad de compra de los libros impresos

Leer más sobre este libro en nuestra página web www.plazadelencuentro.com

Para adquirir el libro *Sanando la Pandilla Que Vive Adentro* por favor visite nuestra tienda online
https://www.createspace.com/3764676

Leer más sobre este libro en nuestra página web www.plazadelencuentro.com

Para adquirir el libro *Sane Su Cerebro: Sane Su Cuerpo* por favor visite nuestra tienda online
https://www.createspace.com/5574838

Leer más sobre este libro en nuestra página web www.plazadelencuentro.com

Para adquirir el libro *Saliendo Adelante* por favor visite nuestra tienda online
https://www.createspace.com/5280730

Leer más sobre este libro en nuestra página web www.plazadelencuentro.com

Para adquirir el libro *Cuaderno de Oración* por favor visite nuestra tienda online
https://www.createspace.com/6782162

Leer más sobre este libro en nuestra página web www.plazadelencuentro.com

Para adquirir el libro *Cuando Se Rompe el Vinculo* por favor visite el sitio
http://www.kairos.org.br/

Leer más sobre este libro en nuestra página web www.plazadelencuentro.com

Para adquirir el libro *Familia en Crisis* por favor visite la tienda online
http://amzn.to/2lnGJsJ

Leer más sobre este libro en nuestra página web www.plazadelencuentro.com

Para adquirir o livro *Curación Emocional A Maxima Velocidad* acesse a nossa loja virtual
https://www.createspace.com/4072390

Para conocer más los materiales de Plaza del Encuentro visite nuestro sitio web: www.plazadelencuentro.com

Para receber mais notícias e aviso de promoções do nosso material, inscreva-se aqui:
https://app.e2ma.net/app2/audience/signup/1760421/1732906/

www.ingramcontent.com/pod-product-compliance
Lightning Source LLC
Chambersburg PA
CBHW051659040426
42446CB00009B/1214